나는
뇌섹남이다

두뇌를 디자인하는

나는 뇌섹남이다

지은이 | 이향남
펴낸곳 | 북포스
펴낸이 | 방현철

편집자 | 김선희
디자인 | 엔드디자인

1판 1쇄 찍은날 | 2015년 10월 15일
1판 1쇄 펴낸날 | 2015년 10월 22일

출판등록 | 2004년 02월 03일 제313-00026호
주소 | 서울시 영등포구 양평동5가 18 우림라이온스밸리 B동 512호
전화 | (02)337-9888
팩스 | (02)337-6665
전자우편 | bhcbang@hanmail.net

이 도서의 국립중앙도서관 출판시도서목록(CIP)은 e-CIP 홈페이지(http://www.nl.go.kr/ecip)와
국가자료공동목록시스템(http://www.nl.go.kr/kolisnet)에서 이용하실 수 있습니다.
(CIP제어번호: 2015024475)

ISBN 978-89-91120-93-8 03190
값 14,000원

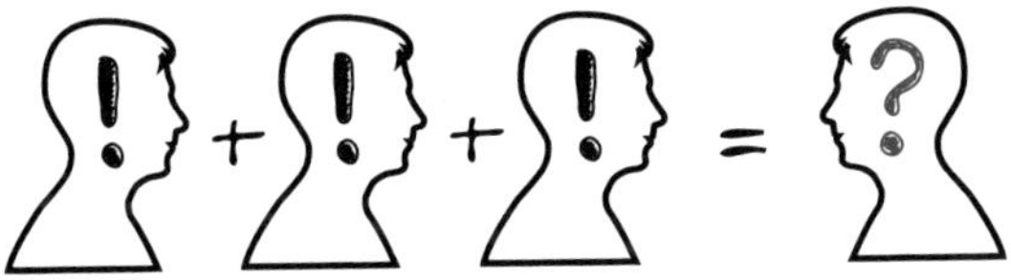

나는 뇌섹남이다

두뇌를 디자인하는

이향남 지음

북포스

· 프롤로그 ·

뇌섹남, 저항하지 못할 치명적 매력을 가진 남자

"15년 후에는 20억 개의 일자리가 사라진다!"

구글이 선정한 세계 최고의 미래학자 토마스 프레이가 한 말이다. 매일 신기술이 쏟아지는 요즘, 시대가 변하고 기술이 발전하면서 일자리가 없어지고 있다.

15년 후엔 당신이 앉아 있는 회사도 없어질 수 있다. 15년 후가 아니라 1년, 2년 뒤의 현실도 예상하기 힘들 정도로 세상은 빠르게 변하고 있다.

AP통신에서는 이미 로봇이 상황을 분석해서 기사를 쓴다고 한다. 한 달에 1,000개 정도의 기사를 쓴다고 하니 우리가 읽는 기사의 대부분을 로봇이 쓰는 날도 곧 올 것이다.

토마스 프레이는 앞으로는 평생 동안 개인이 6개의 직업을 가지게 될 것이라고 말한다. 그렇게 되면 우리는 평생을 취업준비생으로 살아야 할 수도 있다. 회사의 신입사원부터 CEO까지 일을 하면서 새로운 일자리를 고민해야 하는 취업준비생이 되는 시대인 것이다.

얼핏 상상하면 웃음이 나올 수도 있지만 현실이라고 생각하면 쓴웃음밖에 나오지 않는다. 하지만 새로운 변화의 물결 속에서 위기는 항상 기회와 함께 온다.

앞으로 15년, 뇌섹남이 대세가 될 것이다. 쭈글쭈글한 것이 섹시한 시대가 온 것이다. 밋밋한 일상보다 변화를 찾아 즐기고, 일에서의 실패는 성공으로 가는 과정이라 생각한다. 성과도 곧잘 내며, 좌충우돌하면서 꿈을 이뤄가는 과정을 즐긴다. 기존의 일자리는 없어지더라도 새로운 도전을 즐길 수 있는 유연하고 말랑말랑하며 섹시한 뇌라면 어떠한 변화라도 즐길 수 있다. 가장 당신답게 사는 시대, 섹시한 뇌 주름의 시대가 왔다.

'뇌섹남'이란 '뇌가 섹시한 남자'를 줄인 말이다. 주관이 뚜렷하고 언변이 뛰어나며 유머러스하고 지적인 매력이 있는 남자다. 단순히 많이 아는 것을 넘어서 자신의 생각을 논리적으로 설명하며, 자신의 주장을 관철시키는 능력도 뛰어나다. 뇌가 섹시한 남자는 배려심과 지혜로움이 더해져 인간적인 매력으로 어필한다. 잘생긴 외모나 학력, IQ로 뇌섹남을 찾아내는 것은 아니다.

'뇌섹남'이라는 말이 최근 미디어에 자주 오르내리자 주위 직원들이 나를 '뇌섹남'이라 부른다. 기분 좋아지는 말이다. 뇌가 섹시하다는 말 자체에서 오는 매력이 있기 때문이다. 나는 머리가 좋은 편은 아니다. 지방대학을 나온 나는 배경도 그리 좋지 않다. 하지만 뇌가 섹시하다는 말에는 공감하고 싶다.

롯데백화점에서 삼성전자로 스카우트 되자 주위 사람들은 회사에서 '잘나가는데' 왜 옮기냐고 물었다. 변화가 얼마나 힘든지 알기 때문일 것이다. 안정적이었기 때문에 변화를 원했고, 인정받았다고 생각했기에 낯선 환경에서 나를 위한 혁명을 꿈꾸고 싶었다. 빠르게 변하는 세상에서는 안정적인 것이 가장 불안한 요소다. 앞서가는 사람들은 변화를 스스로 만들어내곤 한다. 동료들에게 그렇게 말하던 가치를 스스로 실천하고 싶었다.

이 책에서 내가 하고 싶은 말은 그럴듯한 스펙이나 배경 없이도 뇌섹남이 되는 방법이다. 평범한 사람들이 20억 개의 일자리가 사라지는 변화 속에서도 살아남을 수 있는 방법을 말하고 싶다.

뇌가 섹시하다는 말은 영국 TV 드라마 〈셜록〉에 등장하면서 퍼지기 시작했다. 〈셜록〉에서 주연이었던 베네딕트 컴버배치는 'Brainy is the new sexy'라고 표현했다.

'지적인 모습이 섹시함의 척도가 되었다' 정도로 해석할 수 있다.

뇌가 섹시하다는 것을 이야기한 것이다. 〈셜록〉의 주연을 맡았던 그는 이후 '뇌섹남'의 대표 아이콘이 되었다.

그렇다면 뇌섹남들의 공통점은 무엇일까? 이들은 주위 사람들을 다짜고짜 감전시키는 특별한 능력이 있다. 완벽하지는 않지만 다듬어지지 않은 날선 매력이 있는 것이다.

그들은 자신을 표현하는 데 재능이 있다. 감추는 것보다 드러내는 데 강하고, 억누르기보다 표현하는 데 능숙하다. 입바른 소리를 해서 곤욕을 치르기도 하지만 세상을 살아가는 환희를 자연스럽게 표현한다. 다른 사람들의 말을 귀 기울여 듣고 가슴을 파고드는 디테일과 솔직한 리액션도 있다. 그렇다고 심오한 사상으로 무장한 지식인은 아니다. 곰곰이 따져보면 허점도 많고 때로는 유치하기도 하다.

그들은 뇌에 멋진 근육과 S라인을 가지고 있다. 괜찮은 몸매라인과 육체를 가꾸는 것도 중요하지만 뇌섹남은 뇌에도 그런 말랑말랑한 유연성과 뇌 근육을 가지고 있다.

뇌섹남은 기계가 하는 일은 기계보다 잘 할 수 없다고 생각하고, 다르게 사고하는 것이 경쟁력이라는 것을 안다. 그들의 두뇌는 열려 있다. 그러다 보니 문제를 해결하는 방법도 남다르다.

개성이 있는 생각은 아직은 모르는 미래에 일어날 문제들을 대비할 수 있는 유일한 가능성이다. 새로운 길을 가려면 예전의 길에서 벗어나야 한다는 것도 안다. 다른 사람들과 똑같이 행동하면 나에게 아무 일도 일어나지 않는다는 것을 잘 알기 때문이다.

반전의 매력도 있다. 뇌섹남이라고 하니 얼굴도 잘생겼을 것이라 생각할 수도 있다. 뇌섹남은 미남은 아니지만 옆에 있는 미남을 지루하게 보이도록 만드는 매력적인 뇌를 가졌다.

이들의 섹시함은 좌뇌와 우뇌를 가리지 않는다. 때로는 따뜻한 감성으로 사람들의 마음을 감싸고, 때로는 날카로운 이성으로 문제를 파고든다. 현재의 단점도 미래의 장점이 될 수 있다고 믿고 자신을 사랑한다. 세상의 빛과 어둠이 물체의 입체적인 형상을 만들듯, 사람의 장점과 단점이 '나다움'을 만든다는 것을 알고 있다.

삶의 모든 면을 좋아하고 즐긴다. 즐겁게 일하고 성과도 잘 낸다. 실패할 때도 있지만 그것이 성공으로 가는 과정임을 알고 실패에서 배움의 힘을 얻는다.

직장에서 일이 잘못되었다고 동료들을 비난하지 않는다. 태도와 웃음의 힘을 알기에 힘들어도 회사 동료의 등을 토닥거려주는 여유가 있다. 누구에게 의지하거나 탓하지 않는다. 다른 사람 때문에 일이 잘못 되었더라도 원망 대신 다시 시작할 준비를 한다. 누구도 완벽하지 않다고 생각하고 먼저 자신의 모자람을 배운다. 생각도 긍정적이고, 행복도 자신의 선택이라는 것을 안다.

우리가 살면서 가지는 생각 중에 전혀 풀 수도 없을 뿐더러 도움이 되지 않는 두 가지 감정이 있다. 첫째는 이미 일어난 일에 대한 자책감, 둘째는 아직 일어나지 않은 일에 대한 근거 없는 걱정이다.

자책감은 과거의 감정 때문에 지금 무기력에 빠진 상태다. 자책감 때문에 많은 감정 에너지를 소모하지만 과거는 달라지지 않는다. 또한 앞으로 일어나지도 않은 일에 대한 걱정은 현재를 빼앗아갈 뿐이다. 뇌가 섹시한 사람들은 자책이나 걱정 대신 순간에 최선을 다하면서 산다. 아직 오지도 않은 미래를 걱정하지도 않는다. 감정 또한 자신이 선택한다. 자책과 걱정이 현재를 빨아들이는 블랙홀이라는 것을 알기 때문이다. 그들은 긍정적인 사고로 현재를 즐기는 행복한 낙천주의자들이다.

섹시한 뇌는 그들을 움직이는 원동력이다. 성공해서 행복하기보다는 행복해서 성공하기를 바란다. 성공할 가능성이 있어 확신을 하는 것이 아니다. 확신이 있기 때문에 성공한다는 것을 믿는다. 뇌가 섹시하다는 것은 그들의 꿈과 성공을 이루는 '원천기술'이자 저항하지 못할 치명적 매력인 셈이다. 이런 변화와 위기의 상황에서 뇌섹남과의 맞장에 운명을 걸어보는 것도 좋은 해결책이다.

나는 뇌섹남이다.

차례

제2장 뇌섹남의 문제해결법

제3장 뇌섹남의 특별한 하루

제4장 뇌섹남의 아이디어 노트

제5장 뇌섹남의 성공습관

제1장

나는 뇌가 섹시한 남자다

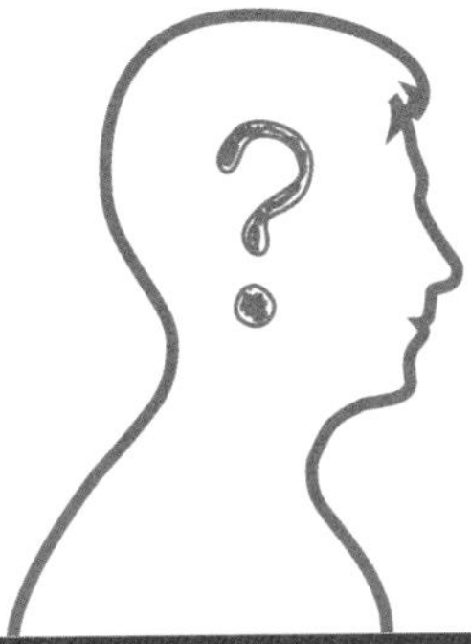

01

뇌로 꿈꾸는 남자의 후회 없는 삶

"선배, 난 돈을 많이 벌어서 내 꿈을 이루고 싶어요."

회사에서 한 후배가 밥을 먹다가 불쑥 던진 말이다. 우선 돈을 많이 번 후에 꿈을 이루고 싶다고 했다. 누구나 돈을 많이 벌어 성공하기를 바란다. 그렇게 성공하면 자신이 바라는 꿈을 이룰 수 있다고 생각한다.

일하고 돈을 충분히 번 후 꿈을 이루기 위한 삶을 다시 살 것인가? 나이가 들어서 그때부터 꿈을 이루면서 행복하게 살겠냐고 반문하자 고객만 갸우뚱한다.

하루하루를 습관처럼 살다 보면 내가 어떻게 살고 있는지 알지 못한다. 남들처럼 사는 것이 가장 안정적이고 이상적인 삶처럼 보이기 때문이다. 돈이 있어야 꿈을 이룰 수 있다면 우리는 부자가 되기 전에는 절대로 꿈을 이룰 수 없을 것이다. 하지만 돈으로 꿈을 이룰 수는 없다.

대신 지금 이 순간을 즐기면서 꿈을 이루는 삶을 살 수 있다. 그런 생각의 뇌를 가지고 사는 것이다. 그런 의미에서 뇌가 섹시하다는 것은 꿈을 이룰 수 있는 원천기술인 셈이다. 꿈을 이루어주는 마법의 열쇠처럼 말이다.

자기 방식대로 꿈을 이룬 존 고다드의 이야기다. 17세의 소년 존 고다드는 비 오는 오후, 자신의 집 식탁에 앉아서 할머니와 숙모가 나누는 대화를 들었다.

"이것을 내가 젊었을 때 했더라면…"

어른들의 대화에서 존 고다드는 엄청난 충격을 받았다. 할머니와 숙모가 말하는 '~했더라면'이라는 후회가 남지 않는 삶을 살겠다고 결심한다. 존 고다드는 식탁 위에 노란 종이 한 장을 가져다가 '나의 인생 목표'라고 적고 127가지의 목표를 써내려갔다. 그는 10개의 강을 탐사하고 17개의 산을 오르고 비행기 조종법을 배우겠다고 적었다. 성경을 통독하고 플라톤, 아리스토텔레스와 같은 고전을 읽는 것과 브리태니커 백과사전을 다 읽겠다고 결심했다.

1972년 존 고다드는 자신의 경험담을 가지고 미국의 〈라이프〉지를 찾아갔다. 〈라이프〉지는 존 고다드의 삶을 '한 남자의 후회 없는 삶'이라는 제목으로 기사로 실었다. 그의 나이 47세. 127개 목표 가운데 103개를 이미 달성한 상황이었다. 1980년에 존 고다드는 우주비행사가 되어 달에 감으로써 125번째 목표를 달성했다.

그 결과로 그는 고액의 강연료를 받는 연사가 되었고 자신의 경험과 모험담을 말하면서 세계여행을 할 수 있게 되었다. 그는 돈이 있어서 꿈을 이룬 것이 아니다. 꿈이 이루는 과정에서 부유한 삶을 살게 되었다.

우리가 사는 인생은 단 한 번뿐이다. 하고 싶은 일, 해야만 하는 일을 하기에도 넉넉하지 않은 시간이다. 존 고다드가 후회 없는 삶을 살고자 했던 방법은 자신이 원하는 꿈을 그리면서 사는 것이었다. 꿈 하나하나를 연결하면서 사는 과정이 성공을 불러온 것이다.

세상에는 말로 '꿈꾸는 것'의 중요함을 이야기하는 사람들은 많다. 하지만 존 고다드는 입으로만 꿈을 이야기하지 않고 실천하는 과정을 통해 누구라도 동경할 만한 생활을 실제로 보여주었다. 그것은 백 마디 말보다 훨씬 강하다. 현실에서 그 모습을 그대로 이룬 '꿈'을 보여주었다.

꿈은 '쫓는' 것이 아니라 '만드는' 것이다. 사실 일상을 들여다보면 꿈을 만들며 살아야 한다는 것이 명확해진다. 사람들은 어제와 95% 같은 고민을 반복하고 있다고 한다. 꿈을 만들면서 살지 않으면 우리의 꿈은 어제의 똑같은 생각에 묻히고 만다. 꿈조차도 오늘의 일상에 파묻혀 매장되는 것이다.

꿈에게 기회를 주자. 반복되는 일상이지만 꿈을 이룰 수 있는 기회를 만들어주자. 그렇다고 매일 어떻게 살아야 할까 고민하는 것은 일상을 더 지치고 포기하기 쉽게 만든다.

당신이 어떻게 살아야 할까 고민하기보다 삶이 당신에게 어떻게 살 거냐고 묻는 질문에 답을 해보라. 꿈이란 삶이 당신에게 던지는 질문에 대한 답이다.

우리는 살면서 생각도 되풀이하고 있다. 어릴 적에는 '내가 대학생이 되면…'이라고 말하고, 대학생이 되면 '직장에 들어가면…', 직장에 들어가면 '결혼을 하게 되면…' 하고 말한다. 결혼을 한 후에 달라진 것이 있는가? 다음에는 '나이가 들어 은퇴를 하게 되면…'이라고 말을 하게 된다. 은퇴 후에는 지난 시간들을 보면서 무슨 생각을 하게 될까? 살다 보면 잘 되겠지 하는 생각이야말로 가장 위험한 생각이다.

똑같은 생각의 패턴에서 벗어나야 한다. 다르게 생각하라는 말은 그래서 의미가 있다. 어제와 다른 생각, 대학생이든 직장인이든 삶의 단계가 달라지면 생각도 달라져야 한다. 관성대로 살다 보면 변화를 느끼지 못하게 된다.

사람들은 꿈을 이루면서 살고 싶어하지만 신념이 부족하다. 대부분의 사람들이 10대나 20대 초반에 가졌던 목표나 꿈들은 세월과 함께 빛이 바래버린다.

당신이 이루려는 꿈과 성공은 신념과 확신에서 시작된다. 포기하지 않고 지치지 않고 이룰 수 있는 신념이 필요하고, 꿈에 대한 신념은 내가 책임져야 한다. 그리고 꿈과 성공은 확신하는 사람에게만 찾아온다. 성공할 가능성이 있어 확신을 하는 것이 아니라 확신이 있어 성공하는 것이다. 존 고다드에게는 꿈을 이루면서 후회하지 않는 삶을 살겠다는 신념과 확신이 있었다.

매일의 일상에 젖어들지 말자. 순간순간 즐기면서 이루어진 꿈을 상상하자. 그렇게 하면 꿈을 확신하고 실천하는 열정도 생기게 된다.

꿈으로 성공을 엮어가는 섹시한 뇌의 힘을 믿어보는 것이다. 당신답게 후회 없는 삶을 살아가는 뇌섹남으로 말이다.

02

끝에서 생각하라

'작심삼일'이란 말이 있다. 결심한 마음이 사흘을 가지 못한다는 뜻이다. 사람들은 종종 목표를 이루는 과정에서 오는 어려움과 장해물을 극복하기보다는 포기라는 쉬운 선택을 한다.

그래서일까? 체중을 관리해 건강을 챙기고 책을 읽어 지식을 쌓는 것이 중요하다는 것을 알면서도 일상 속의 '의미 없는 바쁨'에 빠져 소중한 것을 포기하곤 한다.

사실 우리는 매일매일 정말 바쁘다. 아침부터 잠들 때까지 끊임없이 뭔가를 하고 있다. 그러나 하루하루가 지나고 나면 무엇을 했는지 허무할 뿐이다. 내가 이루고 싶었던 것들, 꿈꾸던 것들이 일상 속에 묻혀버리는 것이다. 당신이 성장할 수 있는 기회를 일상 속에 던져버리는 셈이다.

운동을 하고 책을 읽는 것처럼 개인적인 일부터 회사에서 하는 일까지 목표를 가지고 시작한다. 하지만 시간이 지나면서 '이유 있는 포기'를 선택한다. '작심삼일'이 되는 이유도 과정을 즐기기가 쉽지 않기 때문일 것이다.

그렇다면 조금 더 재미있는 방법을 시도해보자. '끝에서 생각하기'다. 끝에서 생각하기란 책을 출판하고 싶다면 이미 작가가 되었다고 '상상'하는 것부터 시작하라는 뜻이다. 책을 쓰는 과정 자체는 힘들지만 이미 작가가 되었다는 상상으로 시작하면 좀 더 쉽게 쓸 수 있다.

뇌는 때때로 현실과 상상을 구분하지 못한다. 뇌를 섹시하게 사용하기 위해서는 이런 긍정적 상상을 활용하면 좋다. 무엇을 소망하거나 이뤄내고 싶은 것을 이미 이루어졌다고 '상상'하게 되면 그것은 현실이 된다. 성공을 상상하는 것은 여러분의 몫이다. 이미 이루어진 상황을 머릿속에 명확하게 그려내야 현실에서 이루어질 가능성이 커진다. 자동차, 비행기, 기차도 처음엔 누군가의 상상이었다.

끝에서 생각한다는 것은 일을 시작할 때 서론 없이 바로 본론으로 들어가는 것을 말한다. 이미 이루어진 결과를 생각하고 행동하는 것이다. 그리고 결과물을 위해 가속페달을 힘껏 밟는 것이다.

성과를 올리는 사람들은 이미 그것을 이뤄냈다고 생생하게 상상하는 습관이 있다. 그들은 시각화(visualization)를 통해 현재의 상황과 절연한 상태에서 사업과 일, 가정과 건강, 혹은 다른 영역에서 자신의 완벽한 성공을 상상한다. 그런 다음 '꿈을 이루기 위해 지금 무엇을 해야 하는가?'를 자문한다. 이를 통해 자기 이미지와 외부세계의 성과를 만들어간다. 미래부터 생각하는, 끝에서부터 생각하는 사고 습관을 가지고 있는 것이다.

구글의 CEO였던 에릭 슈미츠는 동영상 사이트 유튜브를 약 17억 달러에 매입했다. 유튜브는 전 세계인들이 동영상을 직접 찍어 공유할 수 있는 획기적인 서비스를 제공하는 사이트다. 하지만 문제도 있었다. 일부 사용자들이 유료 콘텐츠를 불법으로 올렸던 것이다.

보통의 기업들은 매력적인 사이트지만 저작권이나 초상권 문제가 해결되지 않아 투자를 망설이고 있었다. 그러나 구글의 에릭 슈미츠는 달랐다. 일단 매수한 후 방법을 생각했다. 풀어야 할 문제가 많았지만 재미있다는 이유로 투자를 했다. 논란도 많았지만 결국 그런 논란을 뒤로하고 17억 달러에 신생기업인 유튜브를 인수했다. 유튜브는 매년 놀라운 성장을 보이고 있다. 에릭 슈미츠는 유튜브를 미래 시점에서 판단해 현재 시점에서 할 수 있는 일을 했다. 결국 에릭 슈미츠의 선택은 옳았다.

끝에서부터 생각해서 처음까지 거꾸로 길을 가면 지금 어떻게, 무엇을 해야 하는지 쉽게 알 수 있다. 자신이 도착하고자 하는 목적지를 생각하고 이미 거기에 다다른 당신의 모습을 그린다. 끝에서 시작하면 일이 한결 쉬워지고 흥미도 생겨 중간 과정을 즐길 수 있다.

끝부터 생각하는 것은 마치 운전할 때 내비게이션을 작동하는 것과 같은 원리다. 어디로 가는지 목적지가 없으면 내비게이션을 작동시킬 수 없다. 일단 목적지를 입력하면 내비게이션은 목적지로 가는 가장 빠른 길을 안내해준다. 중간에 잠시 길을 벗어나더라도 목적지가 있기 때문에 바로 경로를 수정할 수 있다.

사실 끝에서 생각하는 것과 그것을 달성하는 것 사이에 어떤 논리적인 관계가 있는 것은 아니다. 섹시한 뇌는 모든 것을 논리만으로 따지지 않는다. 뇌섹남은 이성적인 논리로 설명되지는 않지만 가슴이 시키는 일을 한다. 하지만 목표는 명확하다. 끝에서부터 시작해 무엇을 이루고 싶은지 정확하게 인지하고 그것을 달성하기 위해 행동한다. 가슴이 시키는 일이 추진력을 이끌어내는 것이다.

성과를 내고 자신이 소망한 바를 이루는 사람은 1등이 아니라 끝까지 지속적으로 해내는 사람이다. 세상에는 1등도 많고 똑똑한 사람들도 정말 많다. 회사에서도 똑똑한 사람들은 결과도 명확하게 분석해서 '이 일은 힘들다'라는 판단도 빨리 내린다. 하지만 일정 기간이 지나고 나면 불가능했던 일도 누군가는 이루어놓는다.

나는 회사에서 전략 보고서를 작성할 때에도 결과부터 쓴다. 보통은 먼저 환경을 분석하고, 중간 프로세스를 검토하고, 마지막으로 해야 할 결론을 먼저 도출하기 위해 애쓴다.

이루어진 상황을 생생하게 머릿속으로 그리면서 결과부터 마무리한다. 결과 부분이 마무리되면 그것을 성공시킬 수 있는 방법들을 찾는 것이다. 그렇게 하다 보면 시작도 하기 전에 '힘들다'라고 한계지어 포기하는 일도 없어진다. 지나간 모든 포기의 순간은 모든 '후회의 순간'과 같다는 것을 알기 때문이다.

우리는 누구나 후회하지 않는 일상을 바란다. 행복한 삶을 살아가길 원한다. 그렇다면 지금이라도 무엇인가를 시작하라. 시작한 그 '무엇'에서 오는 성장의 행복감을 느낄 수 있다.

연설문 작가인 로버트 오벤은 이렇게 말했다.

"사람은 현실주의자와 꿈꾸는 자로 나눌 수 있다. 현실주의자들은 자신이 어디를 향해 가는지 안다. 하지만 꿈꾸는 자들은 이미 그곳을 다녀왔다."

우리는 본 것을 믿는 게 아니라 믿는 것을 본다. 최악의 것은 자신의 한계가 정해졌다는 믿음이다. 그러한 믿음은 자신이 살아오면서 쌓아온 성과 같다. 그것은 당신을 일정 수준 이하의 사람으로 머물게 한다.

이미 성공했다고 상상하고 어떤 일이든 할 수 있다고 믿어라. 자신의 한계를 지우는 믿음을 가지고 작은 것 하나하나 해나가는 것이다. 믿는 순간 그 믿음은 현실이 되는 길을 만들어낸다.

우리는 상상을 현실로 만들 수 있는 잠재력을 가지고 있다. 상상하라. 그 상상의 끝에서 생각하는 힘을 키우길 바란다. 확신을 가지고 소망하는 것은 당신의 성공과 성장에 대한 예언이 될 것이다.

03

배워야 산다

옆 부서에서 일하는 직원과 점심식사를 했다. 그는 스펙도 좋고 일도 잘하는 소위 잘나가는 직원이다.

갑자기 한 숟가락을 먹다 말고 나한테 물었다.

"얼마나 직장을 다닐 수 있을까요?"

"아니, 일 잘하고 잘나가는 과장님이 왜 그래요?"

그 직원은 자신의 미래가 걱정되었던 것이다.

"한 5년, 10년쯤 더 다닐 수 있을까요? 그다음에 무엇을 해야 할지 모르겠어요. 불안해요."

누구나 알아주는 대기업에서 인정받는 자리에 있지만 본인은 불안한 삶을 살고 있었다.

기술의 진화 속도도 예측하기 힘들 정도로 빠르다. 오늘 하던 업무도 내년이 되면 새롭게 개편되기 일쑤다. 지금은 내가 가지고 있는 기술과 노하우가 가치 있고 경쟁력이 있어 보이지만 1년이나 5년 후에는 그 기술과 노하우는 더 이상 필요하지 않은 '업무 폐기물'이 된다.

아마 그 직원만의 이야기는 아닐 것이다. 지금 당장의 일이 아니라 고민하지 않을 뿐이다. 내 업무도 내 자리도 출근하면 그대로 있기 때문이다.

하지만 세상은 바뀌고 있다. 아니 이미 바뀌었다. 당신이 알고 있는 하나의 경험과 기술로는 더 이상 생존력이 없다. 있다고 하더라도 단명할 수밖에 없다. 앞으로 5년, 10년 후를 위해 능력도 다양하게 포트폴리오 해야 한다.

'지금'만 생각하면 만사가 편하지만 미래를 생각하면 반드시 해야 할 일이 있다. 공부가 그것이다. 5년 후, 10년 후에 당신은 어떤 모습으로 살고 싶은가? 10년 후 당신은 무슨 일을 하고 있을까? 또 세상은 어떻게 달라질까? 지금은 전혀 상상이 가지 않겠지만 70세에도 현역으로 일하면서 취미 생활까지 즐기는 당신을 생각해보라.

5년 후의 모습을 위해 '지금' 해야 할 일을 결정해보자. 지금부터 시작하면 5년 후에는 완전히 다른 사람이 될 수 있다. 오늘부터 뭔가를 배우기를 시작해 매일 계속한다면 언젠가 노력의 대가를 보상받는 날이 온다.

나는 5년 전부터 책을 내기 위해 준비했다. 미래에 대한 두려움도 있었다. 대기업을 다니는 것이 삶의 보증수표는 아니었다. 나름대로 잘나가지만 회사생활에 실망할 때도 있었고 생각대로 되지 않는 일도 많았다. 글쓰기는 실의에 빠진 나를 건져 올려준 의욕과 에너지였다.

그 후로 욕망을 채워줄 새로움에 계속 도전했다. 삶이 내게 요구하는 것을 포기할 수가 없었다. 생각해보면 나는 새로운 것을 시도하면서 '나도 할 수 있다'라는 자신감과 즐거움을 동시에 느꼈다. 지금은 이렇게 책을 써서 작가도 되었고 나의 경험을 나누기 위해 회사에서 강연도 한다. 시작이 반이라고 했다. 늦었다고 생각할 때가 가장 적절한 시기다.

새로운 것에 대한 도전은 당신을 진화시키는 에너지가 된다. 최고의 자리에 오른 사람들은 항상 배움을 게을리하지 않는다. 《식객》《타짜》《꼴》 등 베스트셀러 작가 허영만 화백은 항상 새로운 주제로 우리를 감동시키고 놀라게 한다. 우리를 감동시킨 그 책들은 모두 끝없는 배움에서 태어난 창작물이다.

《꼴》을 그릴 때에는 유명 관상가인 신기원 씨에게 3년 반 동안 관상 보는 법을 배웠다. 《동의보감》을 그릴 당시에는 2년 동안 한의사에게 배웠고, 《타짜》를 그리기 위해서 강원랜드의 카지노를 직접 취재하면서 현장을 배웠다. 최근에 커피에 관한 만화를 그렸다. 커피도 잘 마시지 못한다는 그가 커피 만화를 그린다는 데 놀랄 따름이다. 커피를 공부하기 위해 커피 고수들을 만나러 시골의 허름한 다방까지 구석구석 찾아다닌다고 한다. 끊임없이 새로움을 공부하는 힘이 허영만 화백의 경쟁력인 것이다. 그것이 한국인이 가장 좋아하는 만화가가 될 수 있었던 비결이다.

배움에 대한 꺼지지 않은 열망을 가지고 있는 사람만큼 열정적이고 단단한 사람은 없다.

미국의 작가 마크 트웨인은 이렇게 말했다.

"만약 당신이 가진 도구가 망치 하나뿐이라면 당신은 모든 문제를 못으로 보게 될 것이다."

내가 알고 있는 지식이 하나뿐이라면 문제를 다양한 관점에서 볼 수 없어 오류가 생긴다. 망치 하나만 가지고 있다면 모든 것을 두드려야 할 대상인 못으로 보는 오류가 생기는 것이다. 내게 새로운 지식이 생기면 같은 문제도 새롭게 바라봐 창의적인 해결책을 찾게 만들어 준다. 요즘은 공학도에게 인문학을 가르치면서 소프트웨어를 개발하고 있지 않은가? 애플의 스티브 잡스 역시 대학을 중퇴한 이후에도 인문학 수업을 들으면서 새로운 주제에 대해 공부했다.

다른 주제를 지속적으로 공부한다는 것은 또 다른 자기 성장의 배경을 만드는 것이다. 새로운 것을 배우는 것이 힘들 수도 있다. 하지만 배우고 익힐수록 점점 쉬워진다. 물론 그 자체가 쉬워지기도 하지만 새로운 것에 곧 익숙해지고 그것을 받아들이는 당신의 능력이 성장하기 때문이다.

새로운 것을 공부하다 보면 건강한 삶도 누리게 된다. 배우는 행위는 그 자체로 두뇌 계발과 수명 연장에 도움이 된다는 연구 결과가 많다. 많이 배울수록 정신질환이나 퇴행성 뇌질환에 걸릴 가능성도 낮아진다.

새로운 주제를 배우라고 하면 어떻게 해야 할까 고민부터 할 것이다. 가장 쉬운 것부터 하라. 그중에서 새로운 것을 배울 수 있는 가장 좋은 도구는 '책'이다.

빌 게이츠는 책의 중요성을 이렇게 말했다.

"오늘의 나를 있게 만든 것은 동네 도서관이었다. 하버드 졸업장보다 소중한 것은 책 읽는 습관이다."

나는 서점에 자주 가는 편이다. 일부러 약속장소를 서점으로 잡기도 한다. 새로운 무엇을 접하기에 가장 좋은 공간이기 때문이다. 짧은 시간 동안 세상의 새로운 흐름도 알게 된다. 배우고 싶은 것이 생기면 관련 책들을 몇 권씩 사서 본다.

자신이 부족하다는 것을 잊지 말고 배울 준비를 하라. 지금의 당신에게 안주하지 말고 끊임없이 새로운 주제를 공부하라. 어제보다 오늘, 오늘보다 내일 더 성장한 당신을 만나게 될 것이다.

호기심을 잃는 순간 늙기 시작한다. 하지만 새로운 것을 배우게 되면 '할 수 있다'는 자신감을 얻게 된다. 배움은 삶을 충만하게 해준다. 공부하는 사람과 그렇지 않은 사람은 눈빛이 다를 수밖에 없다. 앞으로의 인생도 새로움을 배우면서 젊게 살 수 있다. 확신을 가지자. 어제와 오늘, 오늘과 내일로의 변화는 끊임없는 배움을 통해서만 가능하다. 당신의 달라질 미래를 위해 현재와 경쟁하라.

04

생각은 행동의 자석이다

회사에서 빨리 성과를 내고 싶었기에 자기계발서를 닥치는 대로 읽었다. 배경도 좋지 않고 머리도 탁월하지 않았기에 성과를 내는 방법에 대해 미치도록 고민하고, 끊임없이 실천했다.

처음엔 그리 성공적이지 않다. 일이 안 되면 환경을 탓하거나 상황을 비난했다. 사람들의 방해 때문이라고 생각한 때도 있었다. 그렇지만 그 반대였다. 그 반대이기 때문에 잘 되지 않았던 것이다. 모든 상황은 내가 끌어당긴다는 것을 깨달았다. 환경도, 상황도, 성과도 마찬가지였다.

그 이후로 나는 출근하면 아이디어 노트에 '나의 드림리스트'부터 적고 업무를 시작했다. 나의 바람과 같은 단순한 것이었다. 오늘 이룰 작은 성과, 그 일을 하면서 감사해야 할 사람, 앞으로 되고 싶은 모습, 1년 동안 이뤄야 할 일에 대한 결과를 미리 상상하고 적었다.

상상력을 최대한 발휘했다. 지금 당장은 이루기 힘든 일도 있었다. 하지만 상상력은 내가 가진 잠재력을 확신으로 이끈다는 것을 알았다. 그렇게 아이디어 노트를 쓰기 시작하면서 나에겐 많은 일들이 일어났다.

롯데백화점에서 MD(상품기획자)로 근무할 당시 편집숍을 기획하는 프로젝트를 맡았다. 상품기획부터 매장 오픈까지 전 과정을 책임지고 진행했다. 주위의 걱정도 많았다.

"그냥 있어도 중간은 갈 텐데 왜 일을 만들어서 하느냐?"

"아마 실패할 거야. 많은 직원들이 시도했지만 1년도 되지 않아 실패했잖아…"

이렇게 말하는 직원도 있었다.

"저러다가 중간에 다른 부서로 발령이 나겠군."

주위의 반응은 정말로 싸늘했다. 그래서 더더욱 성공하고 싶었다. 가능성이 10%만 있어도 된다고 생각했다. 하지만 출발부터 쉽지 않았다. 편집숍을 오픈하기 위해 해결해야 할 일들이 한두 가지가 아니었다. 브랜드 이름, 상품 기획에 대한 노하우, 오픈을 위한 생산물량,

판매사원 채용, 마케팅 문제, 온라인은 어떻게 해야 하는지 막막하기만 했다. 문제를 풀기 위해 혼자서 밤을 수없이 샌 것 같다. 하지만 포기하지 않았다. 나만의 아이디어 노트에 하나하나 이루어진 모습을 적기 시작했다. 그러자 피하지 않고 부딪혔던 많은 문제들이 스스로 해답을 가져왔다. 그것도 동시에….

비슷한 상표가 등록되어 있던 문제는 회사 동료가 잘 아는 변리사가 도움을 줬고, 오픈 관련 매장운영에 대해서는 당시 작은 브랜드를 운영하던 사장님이 도움을 주었다. 마케팅도 같이 진행하던 업체의 사장님이 적극적으로 지원을 해주었다. 그렇게 해서 편집숍을 성공적으로 오픈할 수 있었다.

남들이 1년 안에 실패하거라고 말하던 편집숍은 지금도 20여 개 롯데백화점에서 잘 영업하고 있다. 편집숍의 성공으로 회장님 앞에서 프레젠테이션을 할 수 있는 기회도 생겼다. 운 좋게 큰 상도 받았다. 행복한 경험이었다. 내가 한 것은 '해보자'라고 마음먹은 것뿐이다. 그 결심이 결과를 끌어당긴 것이다.

모든 상황을 성과로 끌어당긴다는 것. 남들과 다른 결과를 만드는 것. 모든 것을 내가 끌어당긴다는 사실을 안 것은 정말로 행운이었다. 그때부터 남들보다 일찍 회사에서 인정도 받았다. 백화점에 근무하면서 최연소 팀장도 되었고, 삼성전자로 스카우트 되어 회사를 옮기는 행운도 누렸다.

자기계발 분야의 베스트셀러 작가이자 심리학자인 웨인 다이어는 《확신의 힘》에서 이렇게 표현했다.

"상상력은 우리가 받은 최고의 선물이다. 신비한 우리의 내면에는 모든 소원을 이룰 수 있는 능력이 있다. 이 상상에는 우리가 아는 한 가장 위대한 힘이 들어 있다. 바라는 대로 삶을 창조해나가는 것은 우리의 몫으로, 여기서 가장 좋은 점은 우리가 자기만의 세상을 마음대로 다스릴 힘을 타고난 왕이라는 점이다."

당신이 상상하고 노력하고 실천하면 당신 세상을 다스릴 힘을 얻게 된다. 생각은 행동을 끌어당기는 자석이다. 당신의 생각이 당신의 행동과 현재의 모습을 만들어낸 것이다. 긍정적인 생각을 하면 긍정적인 사람과 긍정적인 상황을 끌어당긴다. 부정적인 생각을 하면 부정적인 사람과 부정적인 상황을 끌어당기게 되어 있다.

나는 내가 원하는 상황을 끌어당기기 위해 아이디어 노트를 활용했다. 사람은 대부분의 시간 동안 생각하는 바로 그 사람이 되듯, 성공과 성과를 가져오는 아이디어 노트를 적는 행동만으로도 꿈을 향해 한 발짝 가까이 다가설 수 있다.

만화 《딜버트》로 일약 세계적인 만화가가 된 스콧 애덤스가 있다. 그는 유명한 만화가가 되기 전에는 낮은 임금을 받는 공장의 말단 직원이었다. 그는 어려운 상황 속에서도 꿈을 포기하지 않았다. 그때 그는 자신의 꿈을 실현할 성공 원칙을 정했다. 매일 자신의 소망을 담은 문장을 15번 이상 적는 것이었다. 그는 아무리 힘들어도 자신의 성공원칙을 실행했다.

그러나 시간이 지나도 그의 상황은 좀처럼 나아지지 않았다. 수많은 신문사에서 그의 만화를 거절했다. 그래도 그는 좌절하지 않았다. 그러기를 수백 번, 마침내 한 신문사와 만화 연재 계약을 맺게 되었다. 드디어 그의 꿈이 실현된 것이다. 첫 번째 꿈을 이룬 그는 또 다른 문구를 적었다.

'나는 세계 최고의 만화가가 되겠다!'

그 문장 역시 하루에 15번씩 썼다. 그의 두 번째 꿈은 과연 이루어졌을까? 현재 《딜버트》는 전 세계 2,000여 종의 신문에 연재되고 있다. 그리고 딜버트를 주제로 한 TV쇼가 매주 방영되는가 하면 세계 곳곳에서 딜버트 캐릭터가 그려진 커피잔이나 컴퓨터 마우스 패드, 탁상 다이어리와 달력 등을 쉽게 찾아볼 수 있다.

심리학의 법칙 중에 호손 효과(Hawthorne effect)라는 법칙이 있다. 이 법칙은 특정 행동에 집중하는 행동 자체가 성과를 높인다는 것이다.

예를 들어 메모를 잘하기로 결심하면 그 결심 자체가 당신을 일상

생활, 공적인 자리에서 모두 메모를 잘하는 사람으로 만든다. 일에 대한 책을 읽고 적용하려고 의식적, 무의식적 노력만으로 일을 더 잘하는 사람이 되는 것이다.

내가 바라는 모습을 적는 것 자체가 성과를 높이는 행동이다. 성과를 높이려는 마음가짐 자체가 일, 개인, 관계에 있어 성과를 창출하는 마법을 불러오는 것이다. 나 자신의 노력과 자원으로 내가 할 수 있는 것보다 훨씬 더 많은 성과를 올릴 수 있다. 특별한 생각을 지렛대로 이용하는 것이다. 아이디어 노트는 내 생각을 확장시키고, 생각의 결과를 끌어당기는 자석 역할을 한다.

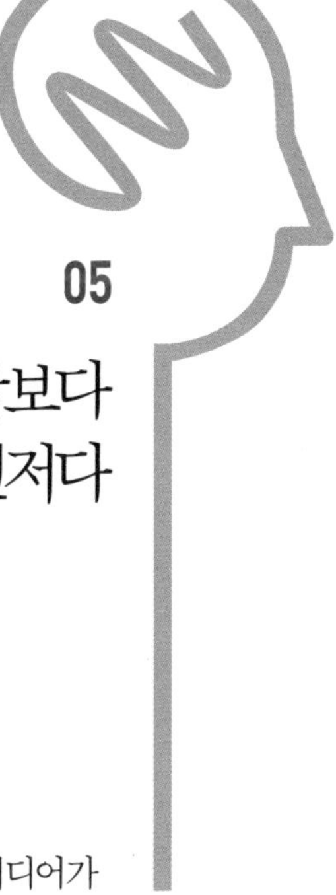

05

생각보다 느낌이 먼저다

"이 팀장, 이번 시즌 매장 개편에도 새로운 아이디어가 있어야 해."

"난 이 팀장만 믿고 있어!"

P 이사님이 부담스런 말을 툭 던지고 지나간다. 백화점은 1년에 2번, 2월과 8월 전후로 매장을 새롭게 바꾼다. 해마다 변하는 트렌드를 반영해, 주로 봄과 가을에 새로운 모습으로 매장을 꾸민다. 당시 나는 젊은 고객을 대상으로 하는 영패션MD팀을 맡고 있었다.

항상 새로운 것을 제안해야 하는 것은 상당히 부담스러운 일이었다. 그러나 나에게 부담감은 새로운 아이디어를 찾는 연료가 되었다.

그래서인지 시즌마다 신선한 제안으로 사람들에게 부러움의 시선을 많이 받았다.

K 대리가 미팅 중간에 불쑥 묻는다.

"팀장님은 시즌 때마다 아이디어를 어디에서 얻어요?"

"팀장님은 어디서 그런 에너지가 나오세요?"

그런 질문을 받을 때마다 이렇게 대답하곤 한다.

"음. 그냥 모든 것에서 얻어. 책에서, 거리에서, 서점에서, 집에 가는 길에서."

재미없는 세상을 원망했던 적도 있었다. 하지만 어딘가에 꼭꼭 숨어 있을 즐거움을 찾아다니다가 오늘에 이르렀다. 나는 평소에 큰 가방을 가지고 다닌다. 내겐 보물이나 마찬가지인 책 2권, 아이디어 노트와 필기구를 가지고 다니기 위해서다. 평소에 스치는 느낌과 직감을 놓치지 않기 위해서다. 나는 느낌과 직감을 중시하는 편이다.

책을 보다가 좋은 내용이 있으면 바로 메모하고, 거리를 가다가도 느낌이 떠오르면 휴대전화를 꺼내 메모해둔다. 지나가는 사람들의 표정, 옷차림에서도 아이디어를 얻는다. 이런 작은 느낌들의 실천은 평범한 일상에 작은 즐거움과 성과를 가져오는 씨앗이 된다.

느낌은 직감의 형태로 다가오기도 한다. 실제로 나는 현장에 가서 무엇을 보고, 듣고, 느꼈는지에 주목한다. 그리고 이를 통해 이끌어낸 메시지는 무엇인가를 먼저 묻는다. 논리는 뒷받침이고 느낌과 순간순간 번뜩이는 직감이 무엇보다 중요하다.

다음은 느낌이나 직관을 잘 다루는 2가지 방법이다.

첫 번째, 떠오르는 느낌이나 직관은 그 순간 바로 움켜쥐어야 한다. 그렇게 하기 위해서 꼭 '보조 기억장치'를 가지고 다녀야 한다. 그것이 메모지든, 휴대전화 메모장이든 말이다.

느낌과 직관은 눈에 보이지 않기 때문인지 너무 쉽게 흘러간다. 사람들은 명품 가방이나 시계는 소중하게 대하면서 직관은 그냥 흘려버리는 경우가 많다. 흘러가는 생각이라고 의미까지 흘려보내면 안된다.

나는 노트와 휴대전화 메모장을 동시에 가지고 다닌다. 휴대전화도 펜 기능이 있는 갤럭시 노트를 사용하고 있다. 휴대전화를 받을 때도 떠오르는 직관을 움켜잡기 위해서다.

직관은 휘발성이 강하기 때문에 기억력에는 의지하지 않는 것이 좋다. 기억력은 전기공급이 되지 않으면 정보가 사라져 버리는 컴퓨터의 휘발성 메모리와 같다. 좋은 아이디어를 보면서 '나도 예전에 그런 생각을 했었는데…'라고 말해봤자 아무 소용없지 않은가?

두 번째, 직관을 잘 다루기 위해서는 보이지 않는 '간격의 힘'을 활용해야 한다. 눈에 보이는 것을 제대로 보는 것도 중요하지만 보이지 않는 것을 믿는 신념도 필요하다.

예를 들어 동료가 성과를 내면 칭찬을 한다. 하지만 칭찬을 먼저 하면 그 칭찬을 증명하기 위해 더 노력하기 때문에 더 좋은 결과가 나온다.

직관을 활용한 어떤 일을 열심히 했다면 기다림도 필요하다. 포기하지 않은 그 기다림의 시간에 뜻하지 않은 멋진 일들이 일어난다.

칭찬과 결과의 간격, 노력과 기다림의 간격. 직관을 활용하는 이런 힘을 나는 '간격의 힘'이라고 말한다. 직관은 그런 간격의 차이에서 모습을 드러내기 때문이다.

당연히 일어나는 생각 같지만 당연한 것이 아닐 수 있다. 때로는 머리보다는 가슴, 논리보다는 직관을 따를 때 더 큰 성과를 얻는다.

순간적으로 떠오르는 어떤 느낌은 논리 너머에 있는 일이다. 물론 그런 직관을 믿고 마음 가는 대로 행동하려면 큰 용기가 필요하다. 하지만 그 위력은 대단하다. 일하면서 순간순간 떠오르는 어떤 예감들을 절대로 놓치지 마라.

06

목표는 감성적으로 계획은 이성적으로

삼성전자에는 '대학생 멘토링(mentoring) 프로그램'이 있다. 회사에서 추천을 받은 직원이 멘토링에 지원한 대학생들의 진로나 미래에 대해 함께 고민하고 조언도 해주는 프로그램이다. 주로 주말에 이루어졌기 때문에 바쁜 일정을 쪼개서 했다.

대학생 멘티들은 대부분 비슷한 말을 했다.

"미래가 불안해요. 아무리 생각해도 무엇을 해야 할지 모르겠어요."

"답답해서 멘토링 프로그램을 신청했어요. 현실적으로 할 수 있는 게 없어요."

요즘 학생들이 무엇을 고민하는지 엿볼 수 있었다. 밝은 미래가 있는데 무엇을 해야 할지 몰라서 답답한 것이다.

"무슨 일을 생각하면 가슴이 뛰니?"

하고 싶은 일이 생각나지 않으면 그렇게 자신에게 질문을 해보라고 말한다.

"저는 선배님처럼 MD(상품기획자)가 되고 싶어요."

"저는 큰 패션회사에 취업해서 디자이너가 되고 싶어요."

고민에 대한 질문을 바꾸니 답도 쉽게 이야기를 한다. 가슴 뛰는 일이 무엇인지 생각해보는 것은 좋은 방법인 것 같다.

실제로 나도 진행형이다. 가슴 뛰는 일을 찾아다니며 실천하고 있다. 롯데백화점에 근무하면서 새로운 시도를 할 때 나는 가슴이 뛰었다. 삼성전자에서 만난 새로운 세상은 내게 가슴 설레는 미래를 생각하게 한다. 동기부여 강연을 하다 보면 가슴 뛰는 일이 무엇인지 생각하게 된다.

꿈을 이야기할 땐 누구나 가슴이 설렌다. 사업가가 되고 싶은 사람은 세계를 누비는 사업가의 모습을 상상할 때 가슴이 뛴다. 디자이너가 꿈인 사람은 자신만의 브랜드로 유명 패션쇼에서 멋진 작품을 선보이는 모습에 마음이 설렐 것이다.

먼저 마음을 움직여야 우리 몸이 움직인다. 마음을 흔드는 감성이 있으면 몸은 자발적으로 뒤따른다. 이처럼 목표는 감성적으로 세우는 것이 좋다. 목표를 이룬 모습을 생각할 때 가슴이 뛰어야 한다. 개인의 목표건 회사의 목표건 마음이 움직여야 한다. 마음이 움직이지 않고 손발만 움직인다는 건 단지 '흉내'를 낼 뿐이다. 당신은 흉내만 내면서 살고 싶지는 않을 것이다.

감성적인 목표를 이루기 위해서는 이성적으로 계획을 수립해야 한다. 작가가 되기로 목표를 세웠다면 매일 책을 보고 글을 써야 한다. 하루에 한 장이라는 세부 계획을 세워 실천해야 한다. 작가라는 가슴 설레는 목표가 있다면 한 장의 원고라도 써야 하는 것이다.

야마구치 에리코라는 젊은 기업가가 있었다. 그는 마더하우스(Motherhouse Co. & Ltd)라는 회사를 만들었다. 창업한 지 4년 만에 매출 10억 엔을 올릴 정도로 성장했다. 마더하우스는 방글라데시의 주트(황마)를 소재로 가방과 소품을 제조하여 판매하는 회사다.

방글라데시는 아시아 최빈국 중 하나다. 방글라데시에서 만든 제품이라고 하면 그리 고급스러워 보이지 않는다. 그러나 마더하우스의 상품은 디자인과 기능성, 품질 모두 방글라데시에서 만들었다고 생각할 수 없을 정도로 완성도가 높다.

야마구치 에리코는 아시아의 최빈국 방글라데시에서 대학원을 2년 동안 다니면서 이 나라를 위해 무엇인가를 하고 싶다는 '느낌'이 들었다. 그 느낌을 사업으로 구상하기 시작한다. 고민 끝에 천연섬유

주트를 선택했고 개발도상국에서 만들었지만 '세계에 통용될 브랜드'로 키우고 싶었다.

느낌으로 시작한 사업이지만 준비는 철저했다. 방글라데시의 고유한 장점을 부각시킨 사업을 체계적으로 준비했다. 가슴이 두근거리는 목표를 세웠고, 머리로는 그 목표를 어떻게 달성하고 실현할 것인가를 구체적으로 계획했다.

일을 진행하는 과정에서 사기를 당하기도 했고 제품의 품질을 높이기 위해 시행착오도 많이 겪었다. 마치 퍼즐을 맞추는 것처럼 처음에는 어려워 보였지만 하나씩 맞추다 보니 가능성도 점차 높아졌다. 장애물들을 하나하나 해결하면서 마더하우스는 계속 성장했다. 감성과 이성이 만난 브랜드가 탄생한 것이다.

재능은 있지만 하고 싶지 않은 일을 하는 것보다 재능이 없더라도 하고 싶은 일을 할 때 성공 가능성이 더 커진다. 가슴이 먼저 움직이기 때문이다.

우리의 뇌도 그렇게 작동한다. 감성과 이성을 활용하라는 말은 우뇌와 좌뇌를 골고루 활용하라는 말과 같다. 우뇌는 감성의 뇌이므로 정보 수집 능력이 뛰어나다. 말로 설명하기에는 힘든 뭔가 특별한 능력이 있는 것이다. 새롭고 창의적인 상품을 요구하는 환경에서는 우뇌적인 감각이 특히 중요하다. 상품의 품질을 관리하고 거래처에 납

품기한을 철저히 지키기 위해서는 좌뇌의 이성이 절대적으로 필요하다.

감성적으로 큰 그림을 그리고 이성적으로 접근하는 것, 주관적 통찰을 객관적 분석으로 완성하는 것, 변화를 추구하면서 안정성을 확보하는 것, 결국 감성에 이성이 더해졌을 때 경쟁력이 생기는 것이다.

세계적인 광고회사 사치앤사치의 CEO인 캐빈 로버츠. 그는 기행에 가까운 행동으로 세상의 주목을 받는 CEO이기도 하다. 1987년 펩시 캐나다 사장으로 취임했을 때는 직원들에게 치열한 경쟁을 뚫고 1등이 되자고 호소하기 위해 코카콜라 자판기를 기관총으로 난사하기도 했다. 회사 이름이 '라이언나탄'이어서 첫 출근길에 진짜 사자를 데리고 등장한 것 역시 유명한 일화로 남아 있다.

그는 사람들의 마음을 어떻게 흔드는지 알고 있다. 진짜 시장조사란 소비자의 투표수가 아니라 심장 박동수를 세는 것이라고 할 정도였다. 심장의 박동수, 사람들의 감성이 행동을 불러일으킨다는 것이다.

나는 한 달에 한두 번씩 마트를 간다. 고기를 좋아해서 스테이크 시식코너를 지나치는 일이 거의 없다. 자세히 보면 스테이크를 파는 세일즈맨의 개성도 제각각이다.

어떤 세일즈맨은 "이 스테이크는 1등급 한우로 육질이 부드럽고 한

우라서 맛도 다릅니다."

다른 세일즈맨은 "이 스테이크를 먼저 프라이팬에 올려보세요. 지글지글하며 익는 소리와 한입 먹었을 때 육즙이 입에 흐르는 느낌이…"

두 번째 세일즈맨의 하는 말이 식욕을 끌어올려 사고 싶은 감성의 뇌를 더욱 자극한다. 결국은 감성을 자극해야 사람들이 움직이는 것이다.

우리가 빠지는 함정 가운데 하나는 논리적으로 설명되면 직원과 고객이 따라온다고 생각하는 것이다. 그것은 착각이다. 사람들은 옳고 그름을 판단할 때는 이성에 의존하지만 그것을 실행할 때는 감정의 영향을 받는다. 해야 된다는 것을 알면서도 잘 안 될 때, 우리는 '절실함'이 없어서라고 말한다. 그 '절심함'이 감정인 것이다.

거듭 강조하지만 이성은 결론을 낳지만 감성은 행동을 낳는다.

07

잠재력, 눈밭에서 굴리는 눈덩이

예전에 TV에서 최면에 대한 놀라운 장면을 봤다. 최면에 걸린 한 초등학생에게 동전을 주면서 비스킷이라며 부러뜨리라고 한다. 놀랍게도 최면에 걸린 초등학생 여자 아이가 동전을 구부렸다. 건장한 남자나 운동선수도 동전을 구부리지는 못한다. 이것은 우리 안에는 이미 엄청난 힘이 숨어 있다는 것을 말해준다.

잠재력이란 겉으로 드러나진 않지만 당신 속에 간직하고 있는 힘이다. 당신은 믿기 어려울 정도로 엄청난 잠재력을 지닌 존재다. 지금까지 이뤄낸 모든 성취는 당신의 진정한 능력의 일부분에 불과하다.

세상은 두 부류의 사람들이 있다. 누구나 잠재력을 가지고 있다고 생각하는 사람과 잠재력 자체를 부정하는 사람이다. 잠재력을 믿고 인정하는 사람들은 그것을 일상에서도 활용하려고 노력한다.

하지만 후자는 그런 노력을 왜 하냐고 반문한다. 그들은 '어떻게 내 잠재력을 알 수 있지?'라는 질문을 던질 것이다. 잠재력이라는 것은 보기 전까지 알 수 없기 때문이다.

잠재력. 그것은 마치 눈밭에서 눈덩이를 굴리는 것과 같다. 먼저 스노우볼을 만들려면 눈 덮인 장소를 찾아야 한다. 찾는 데도 노력이 필요하다. 눈밭을 찾은 후엔 눈을 한 주먹 쥐어 작은 눈덩이를 만들어야 한다. 작은 눈덩이가 얼마나 커질 수 있는가는 당신의 생각과 실천에 달려 있다. 굴리면 굴릴수록 커진다. 일단 커지기 시작하면 놀라운 속도로 커진다.

잠재력도 마찬가지다. 당신 내면에 있는 작은 잠재력의 씨앗을 더 큰 잠재력으로 키울 수 있다. 잠재력을 한계 짓는 것은 당신의 생각과 실천뿐이다.

잠재력을 활용하기 위해서는 잠재의식을 우리의 생각에 집어넣어야 한다. 왜냐하면 이 세상에서 일어나는 일은 모두 당신의 생각이 반영된 것이기 때문이다.

강연을 마치고 가는데 한 학생이 다가와 심정을 이야기한다.

"무엇 하나 마음대로 되는 일이 없어요."

이런 말을 하는 사람들이 많다. 일이 잘 되지 않으면 '난 원래 그래'라고 생각하지는 않은가? 현실은 자신의 생각이 반영된 결과다. 당신이 그렇게 생각하면 그렇게 되는 것이다. 안 된다고 생각하면 안 되는 것이 당연하다. 반면 잠재의식에 좋은 생각, 멋진 생각을 집어넣으면 결과도 좋아진다.

벤젠의 구조를 밝혀낸 독일의 유명한 화학자 케쿨레는 오랫동안 벤젠의 구조를 알아내기 위해 노력했지만 해결하지 못했다. 정신도 육체도 지친 나머지 더 이상 고민하지 않기로 했다. 그러다 뱀이 자기의 고리를 물고 빙글빙글 돌고 있는 것을 보는 꿈을 꾼다. 이렇게 해서 그는 벤젠의 구조를 밝히게 되었다. 원자를 고리 모양으로 배열하는 화학식을 완성한 것이다.

잠재력의 힘은 이렇게 어느 순간 발휘된다. 예기치 않은 상황에서 문제가 해결될 수 있다. 노력하는 사람에게는 말이다. 뜻하지 않는 상황에서 케쿨레처럼 문제를 한 순간에 해결할 수 있다. 왜냐하면 잠재의식은 24시간 작동하기 때문이다.

몇 년 전, 더 큰 회사에서 근무하고 싶어졌다. 우리의 잠재의식은 잠잘 동안에도 작동한다는 것을 알기에 잠들기 전에 더 큰 회사에서 일하고 싶다는 말을 항상 하고 잤다. 그로부터 1년 후, 정말로 놀라운 일이 일어났다. 삼성전자에서 스카우트 제의를 받은 것이다.

우리는 원하는 모습을 스스로 선택할 수 있다. 생각은 잠재의식에 영향을 주고 결국 그 생각대로 현실이 되는 것이다. 당신을 지금의 모습으로 만든 것도 당신이고, 당신을 원하는 모습으로 바꿀 수 있는 것도 당신이다. 당신을 일정 테두리 안에 가두지 마라.

"나는 못해."

"여행을 가고 싶은데 돈이 없어서 못해."

"안 돼, 틀렸어."

이렇게 말하는 모든 것이 당신의 잠재의식에 녹음되고 있다. 부정적인 생각을 하면 그 생각은 당신의 의식에 그대로 반영이 된다. 당신의 잠재력을 부정하는 생각은 하지 않는 것이 좋다.

큰 성공이든 작은 성공이든 성공을 이룬 사람들의 공통점은 긍정적인 생각을 한다는 것이다. 그들이라고 어두운 면이 없는 것은 아니다. 단지 밝은 면을 보려고 노력할 뿐이다.

잠재의식은 당신의 진심에 반응한다. 진심을 담은 긍정적인 행동과 말을 하면 당신도 그렇게 변해간다. '나는 아주 건강한 사람이야' '나는 멋진 배우자를 만날 것이야'라고 자신에게 말해보자. 우리는 모두 놀라운 힘을 가지고 있다.

하지만 자신의 능력을 사용하지 않는 경우도 많다. 자신의 능력을 자신이 밟고 있는 셈이다.

"나는 원래 이것밖에 안 돼!"

"요즘 사회가 어렵다 보니까, 내 능력으로는 할 수 있는 게 없어요."

많은 사람들이 정원에 물을 뿌리다가 자신도 모르게 호스를 밟고 서 있는 것과 같은 행동을 한다. 당신 안에는 원하는 삶을 살 수 있을 만큼 잠재력이 넘치는데 스스로 잠재력을 억누르고 있는 것이다.

잠재력은 인정하고 실천하지 않으면 당신 안에 머물다가 가는 존재가 된다. 잠재의식은 직관이나 충동, 예감, 아이디어 등의 형태로 당신에게 말을 건넨다. 잠재의식은 당신의 일상을 지배한다. 인간 정신 활동의 90% 이상이 잠재의식이라고 한다. 인식하지 못한다고 해서 잠재의식이 없는 것은 아니다.

잠재의식은 삶의 건축가다. 인식을 전환시키고, 생각을 변화시켜서 잠재의식을 끌어당길 수 있다. 생각은 행동의 동전이자 미래의 화폐다. 내가 지금 마음속에 품고 있는 생각, 내가 받아들인 생각이 그러한 가치를 가지고 있다.

생각과 몸이 바뀌면 일상이 바뀐다. 일상이 바뀌면 운명처럼 잠재의식은 새로운 지혜와 아이디어를 던져줄 것이다. 결국 삶도 바뀌게 된다.

당신 안의 잠재력과 당신만의 장점으로 세상을 향해 가능성의 문을 활짝 열어라. 가능성의 문으로 들어갈 수 있는가, 없는가는 자신에게 달려 있다. 잠들어 있는 잠재력을 믿고 부단히 시도하고 노력하는 사람에게 운명의 여신이 손짓할 것이다.

08

뇌섹남의 특별한 독서법

전기를 이용한 선풍기가 최초로 발명된 것은 1882년이다. 이후 130년이 넘는 세월 동안 날개가 돌아가면서 바람이 만들어지는 선풍기의 기본구조를 누구나 당연하게 여겼다.

하지만 2009년 다이슨의 '날개 없는 선풍기'가 등장했다. 고정관념이 깨진 것이다. 날개가 없는데도 바람이 나오고 조용하고 안전하기까지 하다. 전 세계적으로도 획기적인 상품이었고 소비자들도 열광했다.

다이슨은 가장 좋은 성능을 얻기 위해 디자인과 엔지니어를 구분하지 않는다고 한다. 다이슨 제품 중에 역할이 없는데 멋있게 보이기 위해서 존재하는 부분은 없다. 어떤 부분이든 의미 있는 기능과 역할을 위해 존재한다. 다이슨에서는 엔지니어가 곧 디자이너다.

독서법에 대해 이야기하는 데 왜 가전업체를 이야기할까? 내가 독서하는 방법이 다이슨에서 제품을 만드는 철학과 비슷하기 때문이다.

첫째, 나는 책을 읽으면서 새로운 니즈를 만들어낸다.

다이슨의 날개 없는 선풍기가 사람들의 열광하게 만들고 인기를 얻게 된 이유는 안전 때문이다. 아이가 있는 집에서는 안전이 최우선이다. 다이슨은 이러한 시장의 니즈를 정확하게 읽었다. 고객이 무엇을 원하는지 정확히 알고 제품을 만들었다.

나에게 독서도 그렇다. 새로운 문제를 풀거나 프로젝트를 진행할 때 필요한 책들을 읽는다. 새로운 해법을 책에서 대부분 찾아내어 적용한다. 회사가 원하고 고객이 필요로 하는 해법을 책을 통해 만들어내는 것이다.

둘째, 다이슨에서는 '엔지니어가 곧 디자이너'이듯이 나는 좋은 독자이자 작가다.

어떤 책은 독자의 입장에서 이해하고, 어떤 책은 작가의 입장에서 분석한다. 어떤 책을 읽어도 의미가 있는 셈이다.

셋째, 어떤 책이든 나와의 연결점을 찾아낸다.

책마다의 기능과 역할이 있다. 일상, 업무, 건강, 강연 등 책과 나와의 연결점을 찾으면서 읽는다. 책을 보고 좋은 내용이나 활용할 부분은 발췌해 노트에 기록한다. 어떤 책을 읽든 하나라도 배우고 실천을 한다. 단지 읽기만을 위한 독서는 하지 않는다.

나는 남들과 생각이 다르다는 이야기를 많이 듣는다. '뇌가 섹시한 남자'로 불리는 이유이기도 하다. 기분 좋은 일이다. 어떻게 그런 생각을 했느냐는 질문을 받으면 나는 '독서' 덕분이라고 말한다.

회사를 다니면서도 치열하게 책을 읽었다. 화장실이든 지하철이든 10분이라도 빈틈이 생기면 어김없이 책을 꺼낸다. 어디서든 시간이 날 수 있기 때문에 시간이 없다는 핑계는 대지 않는다. 우선 책을 항상 가지고 다닌다. 어떤 상황에서건 말이다. 가방에는 항상 책 2권이 있다. 이동시간은 바쁜 사람에겐 최고의 독서시간이다. 지하철에서 휴대전화로 게임을 하는 사람도 많지만 이런 틈새시간이야말로 독서하기 딱 좋은 시간이다.

독서를 하면서 '기다림도 의미 있다'는 것을 배웠다. 약속을 하고 만나러 갔는데 상대방이 늦는 경우, 언제 올지를 기다리며 보내는 시간은 초조해지기 쉽다. 그런 조급한 상황에서 마음을 달래는 방법도 독서다.

책은 손이 기억한다. 책을 읽다가 아이디어가 떠오르면 바로 책 여

백에 적는다. 중요하거나 활용할 만한 키워드나 문장이 있으면 밑줄을 바로 긋는다. 밑줄을 그으면서 지금 어떤 생각이 드는지 어떻게 활용할 수 있을지에 대한 내 생각도 적는다.

눈으로 읽고 지나가는 것은 금방 잊힌다. 하지만 손으로 기억한 것은 오래 남는다. 무엇보다도 자투리 시간에 밑줄 그은 부분만 읽어도 책 한 권을 다시 볼 수 있다는 점이 가장 큰 장점이다.

2시간 정도의 여유가 생기면 집중해서 책을 한 권 읽을 수가 있다. 책을 처음부터 끝까지 읽지 않아도 괜찮다. 내용을 요약할 수 있으면 그 책은 읽은 것이다. 절반만 읽어도 책의 핵심을 파악할 수 있다. 소설의 경우 예외지만 자기계발서나 전문서적일 경우는 반드시 처음부터 끝까지 읽을 필요가 없다. 책에 실린 정보를 얼마나 많이 자기 것으로 활용하느냐가 중요하기 때문이다. 목차에서 필요한 부분만 찾아서 읽어도 된다. 예전에 읽었던 책은 밑줄 그은 부분을 중점적으로 읽으면 책의 내용을 재흡수할 수 있다. 그러면 2시간에 책 한 권 정도는 읽을 수 있다.

뇌섹남에게는 실천하는 독서가 핵심이다.

소크라테스는 '남의 책을 읽는 데 시간을 보내라. 다른 사람의 고생으로 쉽게 나를 개선할 수 있다'라고도 했다. 사실 한 권의 책에는 한 개인의 엄청난 경험과 살아 있는 지식이 녹아 있다. 다른 사람이

고생해 얻은 지식과 경험을 책을 통해 손쉽게 나의 간접 경험으로 만들 수 있다.

책은 여유가 있어서 읽는 것이 아니다. 변화가 필요하고 타인의 경험이 절박하게 필요할 때 찾게 된다. 직장인이라면 다양한 업무 현장에서 일어나는 사람들의 경험과 열정이 담겨 있는 책도 좋다. 그런 책에서 얻은 자극은 일상과 업무에 정말 큰 활력소가 된다. 책을 읽는 습관은 지력과 잠재력을 기르는 원천이다.

독서를 하면서 활용한 아이디어는 나에게 많은 성장의 기회를 주었다. 책에서 될 수 있는 대로 많은 것을 끄집어냈다. 아이디어를 얻는 데만 그치지 않았다. 책에서 얻은 작은 아이디어 하나라도 실천하고 적용해봐야 적성이 풀렸다.

명동에 가면 젊은 층이 쇼핑할 수 있는 롯데 '영플라자'가 있다. 몇 년 전, 영플라자를 새로운 콘셉트로 만드는 프로젝트를 맡았었다. 그때 당시 영플라자는 많이 노후화되어 있어 더 이상 젊은 고객들이 오지 않은 상황이었다.

영플라자를 새로운 모습으로 오픈하던 날, 기대 이상의 반응에 놀랐다. 여기저기서 새로운 콘셉트에 대한 찬사를 아끼지 않았다. 백화점에서는 처음으로 시도해보는 매장이어서 업계의 관심도 대단했다.

스트리트 브랜드, 트렌디한 편집숍, 해외 편집숍 등으로 매장이 채

워졌고, 온라인 브랜드와 온라인 쇼핑몰을 백화점에 최초로 입점시켰다. 젊은 고객들의 반응은 폭발적이었다. 그들의 발길을 다시 붙잡는 데 성공했다.

"어디서 이런 아이디어를 얻었나요?"

영플라자를 취재하러 온 패션잡지 기자의 질문이었다.

"다윈의 《종의 기원》에서 아이디어를 얻었어요."

"네?"

황당한 답변처럼 들렸나 보다. 하지만 사실이 그랬다. 진화론에서 '젊은 백화점'을 위한 아이디어를 가져왔기 때문이다. '가장 강하거나 가장 지능이 높은 종이 아니라 변화에 가장 잘 적응하는 종이 살아남는다'는 다윈의 생각을 빌린 것이다. 다윈은 진화론에서 종이 생존한 이유를 설명하기 위해 '자연 선택'이라는 개념을 만들었다.

'아! 바로 그거구나!'

영플라자에 대해 한참 고민에 빠져 있던 당시, 새로운 개념이 떠오른 것이다. 고객의 발걸음을 되돌릴 수 있는 콘셉트가 필요했던 나는 다윈의 '자연 선택'을 매장에 적용해 '고객 선택'이라는 큰 그림으로 접근했던 것이다.

이것은 독서의 힘에서 나온 성과였다. 모든 책이 아이디어의 원천이다. 책을 읽을 때면 공자도, 다윈도, 웨인 다이어도 나만의 멘토가 된다. 단순한 오락 위주의 독서가 아니라 조금이라도 현재의 나를 진화시키는 책을 선택한다. 독서의 진정한 힘인 '실천 독서'야말로 뇌섹남으로 가는 첫걸음이다.

나는 독서를 통해 읽은 만큼 보았고, 본 만큼 실천했고, 실천을 하니 기회가 왔다. 내가 읽는 모든 책에서 도움을 받았다. 처음엔 보이지 않았던 길도 조금씩 구체적으로 보였다. 현재의 내 모습도 내가 읽고 실천한 책의 양과 깊이만큼 달라졌다.

09

뇌가 섹시한 다른 남자들

"형, 요즘 어떻게 지내세요? 회사에서 풀어야 할 문제가 있는데 조언 좀 구하려고요."

전에 다니던 회사의 후배가 전화를 했다.

"그래, 요즘 많이 바쁘지? 유통 쪽은 소비 분위기에 민감해서 더욱 힘들지? 회사를 옮긴지 2년이 지났는데 내가 도움이 되겠니?"

"형한테 전화하면 뭔가 다른 방법이 있잖아요. 뇌가 섹시하잖아요!"

다른 분야에서 일하는 내게 의견을 물어보는 게 고맙기까지 했다. 롯데백화점이라는 유통회사에서 삼성전자라는 제조회사로 옮긴 지

2년차. 하는 일도 완전히 달랐다. 다른 일이라서 매력적이었지만 처음에는 좌충우돌했다.

한곳에 오래 있으면 새롭게 생각하기가 정말 힘들다. 대기업이라는 조직에서는 더욱 그렇다. 회사는 이미 기존의 문화가 있어 나만 다른 생각을 하면 역풍을 만나기 십상이다.

회사에 출근하면 당신만의 생각을 얼마나 표현하는가? 어떤 상황에서는 화장실도 내 마음대로 갈 수가 없다. 그러다 보니 내가 의사결정을 할 수 있는 부분은 최대한 나의 생각을 넣었다. 시간이 지나고 보니 '관점이 유연한 사람', '뇌가 말랑말랑한 사람', '실천이 말보다 빠른 사람'이라는 소리도 듣게 되었다.

우리는 모두 자신의 생각대로 살고 싶어한다. 그렇게 사는 것이 본능적으로 사는 것이다. 사람은 누구나 자신만의 색깔을 가지고 태어난다. 주위 상황이 자신의 색을 변질시키기도 하고, 자신의 색깔로 주위를 더욱 아름답게 변화시키기도 한다.

뇌가 섹시한 두 사람의 이야기다. 그들은 남들이 말하는 좋은 조건과 높은 연봉이 최선이 아니라는 것을 안다. 열정을 지속적으로 가져갈 수 있는 곳, 자신의 욕망을 표현할 수 있는 곳이 그들이 있고 싶은 곳이다.

익숙함보다는 새로움을 즐긴다. 꿈을 실현시키는 기준이 타인의 시선이 아니라 자신에게 있다는 것도 안다. 사람들과 함께 행복하게 살아야 한다는 것도 안다.

27세에 동양인 최초로 파슨스 디자인 스쿨의 교수가 된 배상민 교수. 그는 스마트 디자인, 데스키 등과 같은 세계적인 디자인 회사에서 산업 디자이너로 활약했다. 미술학원 근처에는 가본 적도 없지만 P&G, 코카콜라, 골드만삭스 등 세계 유수의 기업들에서 러브콜을 받았다.

디자이너로서 쓰레기를 만드는 소비 중심적인 행위를 거부하고 귀국해서 카이스트의 산업디자인학과의 교수로 왔다. 그가 만들어낸 아이디어는 끼가 넘친다. 기상천외하면서도 가슴이 따뜻해진다. 그는 아이디어를 자신이 기록한 일기에서 얻는다고 말한다.

그는《나는 3D다》에서 이렇게 말한다.

"기록의 힘은 놀라운 것이라 생각과 생각을 만나게 해주고, 조우한 생각들을 그물망처럼 촘촘히 연계해주며, 결국 그 모든 것을 관통하는 하나의 아이디어로 발전시켜준다."

누구보다 기록의 힘을 중요하게 생각하고 활용했다. 그에게 일기장, 메모장은 아이디어의 보물 창고다. 기록한다는 것이 얼마나 큰 힘인지 그는 알고 있다.

배상민은 자신만의 관점을 가지고 있다. 남들과 같은 것은 경쟁력이 없다는 것도 안다. 미술학원을 다니지 않은 것이 단점이 아니라 자신만의 색깔과 관점을 가질 수 있는 계기가 되었다. 세계 최고의 디자인 회사를 그만두고 자신만의 길을 선택했다. 가슴 따뜻한 나눔을 실천하는 디자인으로 세계 4대 디자인상을 모두 받는 기록도 세웠다.

남들과 같은 길을 가서는 '나다움'의 잠재력을 발견할 수 없다. 그는 자신만의 생각으로 세상을 아름답게 만드는 그런 사람이다. 그는 분명 뇌가 섹시한 남자다.

또 한 명의 뇌가 섹시한 남자를 보자.

광고연구소를 운영하고 있는 광고천재 이제석도 뇌가 섹시한 남자다. 대학 때 광고 공모전에 꾸준히 응모했지만 상 하나 받지 못했다. 스펙에서 밀린다는 이유로 졸업 후 많은 곳에 지원서를 넣었지만 어느 회사에도 합격하지 못했다.

결국 동네 간판쟁이 일을 하다 동네 찌라시 아저씨에게 굴욕을 겪고 미국 유학을 결심한다. 2006년 9월 뉴욕 '스쿨 오브 비주얼 아츠(School of Visual Arts)'에 편입했다. 6개월 뒤부터 세계적인 광고 공모전에서 빛을 내기 시작했다.

유명한 광고회사에서 러브콜을 수차례 받았다. 세계적인 광고회사에 다니다 자기가 하고 싶은 광고를 하기 위해 한국으로 돌아왔다.

그는 도움이 필요한 사람들을 위한 광고와 공익광고로 사회로 바꾸고자 자신의 열정을 불태운다.

생각을 뒤집는 그의 아이디어를 보면 놀라울 따름이다. 생각을 뒤집으면 세상이 뒤집어진다는 그의 생각이 매력적이다. 그는 뒤집는 것을 좋아한다. 그는 지독하게 노력한다. 그는 다르게 보고 거꾸로 본다. 고정관념, 위계질서, 상식 같은 것들은 평소 그가 뒤집는 주요 메뉴다. 자기의 생각으로도 세상에 영향을 미칠 수 있다는 것을 알고 있다.

기록의 힘이 대단하다는 것도 알았다. 그가 세계적인 광고 공모전에서 많은 상을 휩쓸 수 있었던 것은 기록과 메모의 힘 때문이었다. 그는 시도 때도 없이 생각하고 메모했다. 냅킨이든 뭐든 손에 걸리는 모든 것이 메모지였다. 자신만의 아이디어 노트를 주위 어디서든지 발견하고 활용했던 것이다.

바야흐로 '뇌가 섹시한 남자'의 시대다. 자신만의 색깔로 주변을 바꾸는 힘을 가진 사람들의 시대다. 세상을 향해 내던지는 독설도 섹시하다. 세상을 향한 아름다운 반항처럼 보일 수도 있다.

남들과 다르게 생각하고 실천한다는 것이 쉽지만은 않다. 쉽지 않기 때문에 의미가 있다는 것도 안다. 세상은 다양성을 필요로 한다. 그 다양성이 우리 주위를 새로운 환경으로 만들어주기 때문이다.

뇌섹남은 주관이 뚜렷하다. 내 주관이 뚜렷하다고 남의 말을 무시하지 않는다. 오히려 더 경청하려고 노력한다. 언변도 뛰어나다. 자신이 알고 있는 것을 세상과 어떻게 소통해야 하는지를 잘 안다. 사고는 독창적이지만 따뜻하다. 남들에게 선한 영향을 주는 따뜻함도 가지고 있다.

인터넷이 발달할수록 인간다움은 없어지는 것 같다. 지하철만 타도 스마트폰만 쳐다보는 세상이다. 예전에는 사람 냄새가 난다고 하면 정이 넘치고 뭔가 소박한 생활을 하는 사람이라고 생각했다면 요즘은 뇌가 섹시한 남자가 아닐까?

자기의 주관을 가지고 위트 있게 말할 수 있는 남자, 내면의 가치를 이해하는 남자, 자기다움을 실천하면서 사는 남자. 이제는 이런 남자에게서 사람 냄새가 난다.

제2장

뇌섹남의 문제해결법

01

섹시한 뇌가 만드는 S라인

뇌가 S라인? 뇌가 유연하다는 말이다. 다른 사람들이 보기에도 생각이 매력적이라는 것이다. 생각이 유연해서 늘 같은 것을 보더라도 다르게 해석하고, 새롭게 보는 방법을 안다.

사람들은 새로움을 좋아한다. 왜냐하면 우리 뇌는 예상치 못한 이벤트에 민감하게 반응하고, 참신하고 새로운 것에 호기심을 갖기 때문이다.

새 드라마, 새 자동차, 새로 만난 친구가 주는 참신함은 우리를 '미치게' 만든다. 기업들이 디자인을 조금씩 변화시켜 새로운 휴대전화를 출시하는 것도 그 때문이다.

롯데백화점에서 근무할 때 일이다. 같이 부서에서 근무하고 있던 이사님이 다가와서 이렇게 말한다.

"그룹에서 상품개발 사례 발표회가 있는데 해보겠는가? 10월에 전체 계열사에서 상품기획자들이 모여 우수한 사례를 발표하는 대회가 있어. 사장님도 관심이 많은 행사야."

상품개발 발표 대회, 영업사례 발표회. 롯데백화점에는 시즌마다 여러 가지 발표회가 있었다. 순간 망설임도 있었지만 본능적으로 대답했다.

"이사님, 기회가 된다면 제가 한번 도전해보고 싶습니다!"

사실 회사에 그런 행사가 있으면 대부분의 직원들은 힘들기 때문에 참여하기를 꺼린다. 평소 업무도 많은데 사서 고생을 한다는 것이 쉽지 않다.

사실 나는 남들 앞에서 발표를 잘하는 사람이 아니었다. 어릴 적엔 남들 앞에서 말도 못하는 내성적인 아이였다. 사람들 앞에만 서면 긴장해서 인사조차 제대로 하지 못했다. 하지만 회사를 다니면서 나를 표현하는 것이 얼마나 중요한 일인지 알게 되었다.

발표를 잘하는 사람이 되고 싶었다. 내 생각을 많은 사람들 앞에서 표현한다는 것. 그것도 계열사 사장님들, 회장님 앞에서 발표한다는 것 자체가 나에겐 소중한 경험이 될 것이라고 생각했다.

하늘은 스스로 돕는 자를 돕는다고 했다. 스스로에게 기회를 주지 않으면 작은 것도 이룰 수 없다. 나가고 싶은 간절한 마음이 통한 걸까? 운 좋게 회사에서도 추천해주었다.

발표대회 날짜가 정해졌다. 회장님까지 참석을 하신다니 더더욱 긴장되었고 불안한 마음도 있었다. 하지만 매일같이 준비를 하느라 그런 감정을 느낄 시간도 없었다.

'그래, 이왕 하는 거 회장님 앞에서 할 말을 다 하자!'

'회장님 앞에서도 다르다는 말 한 번 들어보자!'

매순간 나 자신한테 말하면서 준비했다.

가을이었지만 잠을 이기려고 에어컨을 켜고 프레젠테이션을 연습했다. 추우면 두터운 패딩을 걸치고 연습하기도 했다. 손이 떨려서 다시 하고, 말이 꼬여서 다시 하고…. 그렇게 한 101번의 연습. 자면서도 잠꼬대를 했다고 하니 중독될 정도로 한 것 같다.

사례발표 대회에는 10개 계열사가 참여했다. 긴장은 됐지만 자신도 있었다. 당시 나는 여성 의류 담당 MD였다. 당시 내가 담당하던 여성복은 주로 55, 66사이즈로 만들어졌다. 그러나 매장에서는 자신에게 맞는 사이즈가 없어 고객들의 불만이 많았다. 현재 여성복 사이즈는 10년 전 체형을 기준으로 만들어졌기 때문이다. 그래서 나는 새로운 대안을 제안했다. 제안한 상품개발 아이디어는 그 시작부터 시선을 사로잡았다.

"오늘 참석한 여러분의 자녀에게 매우 기쁜 소식이 될 것입니다! 55.5 사이즈 – 새로운 틈새 사이즈를 제안합니다."

나는 55와 66 사이즈의 중간인 55.5라는 틈새 사이즈를 제안했다. 평소 매장에서 올라오는 사이즈에 대한 불만을 내 아이디어의 씨앗으로 삼았다. 발표도 연습한 대로 잘 끝냈다.

발표가 끝나고 10초 정도의 침묵의 시간이 흘렀다. 회장님은 긴 침묵의 시간을 깨고 이야기했다. 상황이 마치 슬로우 비디오처럼 천천히 흘러가는 듯했다.

"55.5 사이즈, 멋지고 기발한 아이디어입니다! 고객의 문제를 재미있는 방법으로 접근했어요. 남들과 달라 인상적입니다."

그 말을 듣는 순간 준비하느라 힘들었던 상황들이 한꺼번에 감동으로 되돌아왔다. 결과도 좋았다. 참석한 10여 개 계열사 중에 1등을 했다.

사장님도 기분 좋게 어깨를 두드려주면서 한 마디 던지셨다.

"이번 프레젠테이션은 정말로 훌륭했네. 오늘 아주 잘했어!"

그 이후로 생각도 톡톡 튀고 발표도 잘하는 스타 MD로 소문이 났다. 처음부터 잘한 것은 아니었다. 사람들 앞에만 서면 다리가 후들후들 떨렸지만 남들과 다르게 접근한 아이디어와 지독한 연습이 내게 좋은 결과를 안겨주었다. 작은 아이디어였지만 남들과 다른 방법으로 문제를 해결한 것과 참석한 임원들과 사장님들의 시선을 끈 돌직구 같은 발표 덕분이다.

한번 급물살을 타자 내가 예상하지 못했던 곳에서 많은 전화가 왔다. 유통회사, 패션회사의 임원분이라고 하면서 회사가 고민하는 문제를 푸는 데 도움을 줄 수 있냐는 요청도 있었다.

한 분은 어떻게 하면 직원들을 그렇게 생각하게 만들 수 있는지 와서 얘기 좀 해달라고 하셨다. 사장님 한 분은 1억 원을 줄 테니 자신의 회사에서 진행하는 프로젝트를 도와달라는 제안까지 했다. 회사를 다니고 있었기 때문에 당연히 할 수는 없었지만 말이다.

나는 사람의 능력에는 큰 차이가 없다고 생각한다. 능력에는 차이가 없기 때문에 '유연한 사고'를 가지고 '행동하는' 사람만이 남다른 성과를 낸다고 생각한다.

그렇다면 유연한 사고와 행동은 어떻게 끌어내는 걸까?

첫째, 자신의 의견이 있어야 하고 타인의 의견을 받아들일 줄 알아야 한다.

내 의견이 틀려도 정답이 아니어도 괜찮다. 자신의 의견을 말해야 다른 사람에게 피드백을 받을 기회가 생긴다. 다른 사람의 의견을 받아들여야 사고가 더 유연해진다. 내 의견이 타당하지 못하면 생각의 방향을 수정해야 성장할 수 있다.

둘째, 주체성을 가지고 행동해야 한다.

누구나 그런 것쯤은 생각할 수 있다고 말한다. 하지만 생각만 해서는 아무것도 일어나지 않는다. '살다 보면 어떻게 되겠지'라는 생각으로 사는 사람과 작은 것 하나라도 실천하며 사는 사람 중 누가 더 빨리 원하는 삶을 살겠는가?

셋째, 다른 사람들의 의견에 흔들림 없이 자신의 길을 갈 수 있어야 한다.

다른 사람들이 뭐라고 하든지 상관없다. 당신이 해야 할 일은 당신밖에 모른다. 뭔가를 하려고 하면 주위에서 말이 많다. 의견은 물을 수 있지만 사람들의 부정적인 반응에 일일이 신경 쓰지 마라. 비관적으로 생각할 필요도 없다. 다른 사람들이 말도 안 되는 소리라고 할 수도 있다. 하지만 세상 사람들이 뭐라고 말하든 당신이 해야 할 일은 오직 당신만이 알고 있다.

생각이 유연하다는 것은 새로운 기회도 만들어주지만 넘어야 할 벽도 생기게도 한다. 당신과 만나는 많은 사람들이 가지고 있는 고정관념이라는 벽, 상식이라는 벽. 경험이라는 벽 말이다.

하지만 더 큰 기회와 세상은 항상 벽 너머에 있다. 의욕을 가져라. 당신은 당신이 생각하는 것 이상의 사람이 될 수 있다. 의욕은 강의 흐름과도 같다. 한번 제대로 만들어진 의욕은 계속 흐르고 벽을 만나더라도 계속 전진해나간다.

이제부터는 '당신'이 곧 브랜드다. 당신에게 일을 맡기는 사람, 당신이 만나는 모든 사람이 당신의 고객이다. 생각의 S라인은 당신이 브랜드가 될 수 있는 가능성을 만들어준다.

다른 생각을 해야 다른 성과를 낸다. 당신만의 생각과 노력이 만나 당신이라는 고유 브랜드가 완성된다.

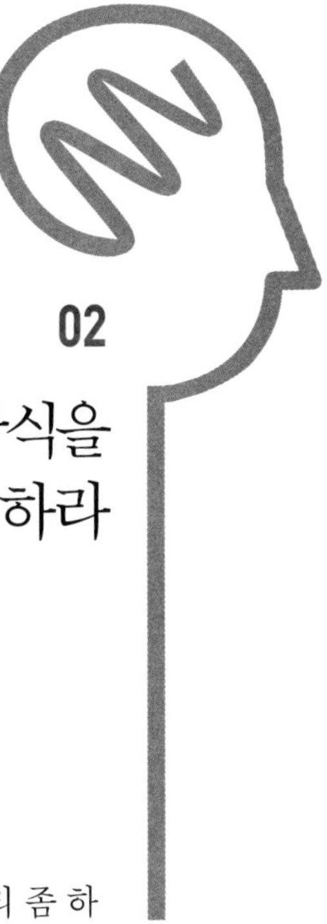

02

상식을 의심하라

“그건 전에도 해본 방식이야. 말도 안 되는 소리 좀 하지 마!”

대기업에 다니는 Y 대리는 회의시간에 팀장에게 들은 한마디에 의기소침해졌다. Y 대리는 좋은 아이디어라고 생각하는데 상사는 말도 안 되는 소리라고 한다.

사람마다 상식이 다르기 때문이다. 우리는 인식을 못하는 사이에 상식의 벽에 묻혀 산다. 당신은 매일 걷는 걸음걸이, 생각하는 방식, 느끼는 방식은 일정한 사슬에 묶여 있다.

아침에 일어나 출근 준비하는 것을 생각해보자. 정말 기계적으로 한다. 출근 준비에는 많은 생각이 필요하지 않다. 출근길에도 주변에 어떤 상황이 일어나는지, 어떤 풍경이 있는지 인식하지 못한다. 그러다 보니 당신은 무의식적인 행동의 노예처럼 보인다.

우리는 보통 '평균'이 있다고 생각한다. 평균 점수, 평균 몸무게 같이 평균이라는 말을 일상에서 많이 접한다. 평균이 있다는 상식을 믿다가 위기에 부딪힌 사건도 있지 않은가.

전 세계에 경제적 불안을 야기한 미국의 투자은행 리먼브라더스의 파산도 잘못된 상식 때문에 일어났다. 리먼브라더스의 이야기를 평균이라는 관점으로 해석하면 이렇다. 리먼브라더스는 리스크가 높은 상품과 리스크가 낮은 상품을 혼합한 패키지 상품을 만들었다. 그 패키지 상품의 평균을 계산하여 리스크가 보통 수준인 상품으로 판매해 문제가 일어난 것이다.

여기서 생각해봐야 할 점은 리스크가 낮은 상품도 리스크가 높은 상품의 상황이 변하면 함께 변한다는 것이다. 하지만 '평균은 반드시 존재한다'는 상식을 믿고 상품을 개발했다. 결국은 치명적인 실패의 원인이 되고 말았다.

평균이 정말 존재하는가? 상식적인 평균에 대한 이야기를 해보자. 이 책을 읽고 있는 당신, 혹은 당신의 남자친구는 평균적인 남성인지 고민해보기 바란다.

다음은 2014년도 조선일보에 발표된 대한민국 평균 남성의 개인 지표다. 그들은 승진을 중요시하고 1년에 9권의 책을 읽으며 SNS를 하루에 1시간 20분 정도 한다. 월평균 적금은 70만 원, 일평균 흡연은 15개비, 연간 주류 소비량은 123병이다. 최근 최다 해외여행 방문지는 중국이다. 이것이 대한민국에서 '평균' 남성이 살아가는 모습이다. 당신은 평균인가? 아니면 저런 평균 남성이 있다고 생각하는가?

'평균이 존재하는가?'라는 질문에는 답하기 쉽지 않다. '평균'이 없기 때문이다. 평균이 있다는 상식이 당신의 생각을 왜곡시킨다.

9세에 최연소로 입단하여 한국의 대표 바둑기사가 된 조훈현 9단은 이렇게 말한 적이 있다.

"얼마 전 스승인 후지사와 선생의 부탁으로 일본 젊은 기사들이 합숙 훈련하는 데 가서 복기를 해줬는데, 젊은 기사들이 한마디 질문도 없이 듣고만 있더군요. 일본은 어렵겠구나 싶었어요. 우리가 어렸을 때는 복기가 격렬했고, 선생이 이렇게 두라고 명령을 해도 수긍이 가지 않으면 매를 맞으면서도 따라 두지 않았거든요. 승부의 세계는 독창성이 생명이고 따라 두면 그냥 아웃입니다. (…) 바둑이란 '아!' 하는 순간 끝나거든요."

'따라 두면 그냥 아웃'이라는 그의 말이 인상적이다. 남들과 같은 생각, 이때까지 해오던 방식은 현상 유지가 아니라 도태다. 남들과 같은 평범한 것이 안정적일 것이라는 생각은 평균 이하의 평가를 받기가 쉽다. 이제는 상식의 관성에서 벗어나야 할 때다.

사람은 경험이 쌓일수록 '상식'의 지배를 받게 된다. '상식'은 안정을 추구할 때는 재산으로 활용할 수 있다. 반면 변화를 요구할 때나 변화가 빠른 시대에는 장애물이 된다. 이때까지 해오던 방식, 상식적인 방식을 고수하는 것으로는 더 이상의 경쟁력이 없다.

자기성장은 과거의 익숙했던 경험을 또 다른 경험으로 끊임없이 대체하는 과정 속에서 이뤄진다. 경험하고 또 경험하자. 자기계발은 경험의 연속이기 때문이다. 그렇게 하는 것이 지속적으로 새로운 성공의 습관을 만들어내는 과정인 것이다.

상식을 의심하지 않고 멈춰버리면 당신도 '거기'서 끝난다. 그러나 한 번만 더 생각하는 자세를 갖추면 삶에 변화를 줄 수 있다. 조금 더 나은 무엇인가가 태어날 가능성이 생기고 새로운 생각의 경지로 가는 문을 여는 열쇠를 가지게 된다.

"온라인 매출로만 50억 원을 해봅시다!"

롯데백화점에서 영업팀장으로 있을 때였다. 다들 긴 장마로 매출 목표 달성이 힘들 거라고 말했다. 직원들의 걱정도 많았다.

"팀장님. 이런 상황에서는 말도 안 돼요. 이번 달은 다른 팀들도 마찬가지잖아요. 상황이 좋지 않아서 못할 텐데…."

"뭔가 다른 방법을 생각해봅시다."

긴 장마로 인해 목표 매출을 맞추기 힘든 상황이라 모두가 손을 놓고 하늘만 쳐다보고 있었다. 뭔가 다른 방법이 있다고 생각했다. 다르게 생각하면 다른 방법이 나오고, 기회가 있을 것 같았다. 당시 온라인 마켓의 성장이 눈에 뜨게 좋았다. 백화점도 온라인 매출을 키우려는 시점이었다.

그래서 온라인 마켓과 오프라인 마켓을 비교하고 분석하기 시작했다. 비가 오면 백화점은 매출이 감소하지만 온라인 매출은 증가했다. 저녁 8시에 백화점이 영업을 끝내고 문을 닫으면 온라인 매출의 문은 그때부터 열렸다. 호흡기 질환이 유행해서 쇼핑하는 고객이 줄면 온라인 쇼핑몰의 매출은 늘었다. 그래서 나는 나이 든 부모님은 인터넷 쇼핑은 안 하지만 자녀들이 쇼핑하는 상품에 부모님 선물 상품을 같이 제안하는 행사를 기획했다.

"팀장님 대박 났어요. 결과가 정말 좋아요!"

처음에 이런 걸 왜 하느냐고 반대하던 직원들도 표정이 바뀌었다. 정말 대박이었다. 목표인 50억 원도 달성했다. 자릿수 하나 틀리지 않았다.

처음부터 온라인의 매출을 생각하진 않았다. 우리는 보통 깨어 있을 때 내가 하고 있는 일의 성과가 난다고 생각한다.

"내가 잠든 사이에 무슨 일들이 일어나고 있지?"

"내가 자고 있을 때도 매출이 일어날 수 있는 방법이 뭘까?"

이렇게 처음에는 말도 안 되는 질문으로 시작했다. 내가 자는 한밤중에 매출이 가장 많이 일어나는 분야를 찾기 시작했고 온라인으로 그 부분을 해결한 것이다.

온라인에서는 백화점에서 비상식적인 것이 상식인 세상이다. 한밤중에도, 새벽에도 쇼핑을 하러 다니는 사람, 비가 오면 더욱 매출이 늘어나는 상품들, 백화점에서 판매가 부진했던 상품도 '완전 대박상품'으로 변신을 거듭했다.

우리는 경험의 기억으로 '맞다, 틀리다'를 결정하고 있다. 올바른지 아닌지의 기준은 '얼마나 그 상황에 익숙해져 있나'인 것이다. 우리가 옳다고 생각하는 것도 그런 기억에 익숙해지는 데 필요한 시간의 영향을 받는다. 처음부터 맞다, 아니다의 절대적인 기준은 없다. 특정한 일에 대한 경험이 많은 사람은 그 일에 대한 상식 즉, 편견이 많은 셈이다. 상식은 편견의 또 다른 이름이다.

상식은 사람들이 살아온 경험을 통해 알고 있거나 알아야 하는 지식이다. 사람마다 제각각 경험, 교육, 살아온 환경이 다르다 보니 자기만의 상식을 가지고 있는 셈이다. 이제는 경험을 통해 누적된 상식이 편견이나 선입견이 될 수 있는 세상이다.

사람들이 항상 옳다고 여기는 것을 의심하기 바란다. 생각해보자. 옛날에는 사람을 태운 금속으로 만든 양탄자 같은 것이 하늘을 난다고 했다면 웃음거리가 되었을 것이다. 세상의 반대편에 있는 사람과 손에 들고 있는 작은 물건으로 이야기하는 것은 미친 사람으로 여겨졌을 것이다.

상식을 의심하는 힘을 기르라고 말하고 싶다. 상식을 뛰어넘어 문제를 제기하고 상상하라. 상식의 반대편을 두드리면 새로운 세상이 열린다. 기대 이상의 성과와 결과를 얻을 수 있다는 것을 기억하자.

진리는 영원할지 모르지만 지식은 일시적이다.

03

근육질적인 사고로 상황을 해석하라

"1,000명의 고객이 줄을 설 겁니다!"

"지금까지 본 매장 오픈 중에서 가장 멋진 오프닝 이벤트가 될 것입니다!"

명동에 있는 영플라자 매장 오픈을 준비하면서 자신있게 말했다. 다들 안 믿는 표정이었지만 신경 쓰지 않았다. 하던 대로 하면 당연한 결과만 나온다. 변화를 주지 않으면 결과는 바뀌지 않는다고 생각했다. 나머지는 확신이었다. 그렇게 할 수 있다고 믿고 구체적인 행동을 취하는 것이다.

내 '아이디어 노트'에도 '매장 오픈하는 날 1,000명 줄 세우기'를 생생히 기록했다.

책에서 아이디어도 얻고, 파워블로거도 만나고, 마케팅 전문가를 직접 찾아가기도 했다. 한 번도 매장을 방문하지 않은 고객들이 와야 하는 상황이었다. 온라인, 오프라인, 블로그, 거리의 젊은 고객들을 한 번에 불러 모을 수 있는 이벤트에 초점을 맞췄다. 뜻이 있는 곳에 길은 꼭 있다고 믿었다.

매장은 '스타일난다'처럼 온라인에서 인기 있는 브랜드들로 가득 채웠다. 백화점에서도 처음 해보는 시도였다. 페이스북에서 이미 성공한 이벤트를 백화점 방식으로 만들었다. 블로그도 많이 활용했다. 참여한 브랜드들의 블로그를 적극적으로 활용했고, 가로수길에 있는 인기 편집숍에서도 행사를 홍보했다. 20대 유행에 민감한 고객들에게 시선을 끌 수 있도록 말이다.

결과는 놀라웠다. 1,000명까지는 아니었지만 의외의 고객들이 줄을 섰고, 젊은 고객들의 반응도 표정으로 읽을 수 있었다. 신선하게 보였고, 완전히 새로운 모습이었다.

온라인에서 인기 있는 브랜드들을 백화점으로 가져왔고, SNS와 블로그의 성공한 이벤트를 백화점에 맞게끔 패턴만 바꾸었을 뿐인데 말이다.

다른 영역에서 아이디어를 가져오면 내 영역에선 창조가 되는 것이다. 새로움이란 없던 것이 새로 태어나는 것이 아니다. 주어진 상황에서 새롭고 독특한 것으로 편집되는 것이다. 다른 업종에서의 일상적인 아이디어가 자신의 업종에서는 새로운 아이디어가 된다.

'모방은 창조의 어머니'라고 말한 아리스토텔레스, '창조성의 비결은 어디서 자신의 아이디어가 떠올랐는지를 감춰두는 데 있다'고 이야기한 아인슈타인. 시대는 달랐지만 얼마나 똑같은 메시지인가. 다른 분야에 있는 아이디어를 가져오는 것. 이것은 새로운 것을 만드는 가장 좋은 방법이다.

다른 영역의 상황을 해석해서 가져오는 데는 2가지 방법이 있다.

첫 번째는 다른 상황에서의 평범함이 현재 상황에서 해답이 되는 경우다.

일본 야마토운송의 회장을 지낸 오구라 마사오. 그는 아버지의 사업을 물려받았다. 당시 주력사업이었던 화물운송 사업에서 택배 사업으로 기업을 확장시키고 싶었지만 쉽지가 않았다. 시작부터 문제에 부딪힌 것이다. 당시 일본에서는 택배 서비스가 처음 시도되는 사업이었다.

문제는 택배 영업소의 네트워크를 어떻게 구축해야 하는지 감이 잡히지 않았던 것이다. 택배 영업소가 많으면 운영비가 과다하게 들어갈 것이고, 적으면 고객에게 전달하는 시간이 길어져서 고객의 불만이 높아지기 때문이다.

오구라 사장의 고민은 생각의 틀에서 벗어나면서 풀리기 시작했다. 다른 산업을 '모방'하기로 한 것이다. 그는 택배 영업소처럼 전국적으로 네트워크가 분포되어 있는 다른 산업을 확인하기 시작했다.

그가 찾은 것은 경찰서였다. 경찰서만큼 딱 들어맞는 대상도 없었다. 경찰서는 사람들의 안전을 위해 인구밀도와 거리를 파악해서 설치되기 때문이다. 경찰 역시 차로 이동하기 때문에 택배 차량의 이동거리와도 비슷했다. 오구라 사장은 전국의 경찰서 수와 비슷한 규모의 영업소를 열었고 영업소 위치도 경찰서의 위치를 참고했다. 이후 회사는 더욱 번창하게 되었다. 서로 다른 산업이 만났지만 결과는 정말 좋았다.

택백사업과 경찰서는 아무런 연관이 없다. 택배사업에서만 해법을 찾으려고 했다면 아무 답도 찾지 못했을 것이다. 아니면 시간이 더 많이 걸렸을 것이다. 문제가 일어난 곳에서 답을 찾으려고 하면 쉽지 않다. '나무를 보지 말고 숲을 보라'는 말도 있지 않은가? 현재의 상황도 멀리 떨어져서 보면 더 잘 보인다.

다른 분야에서 일어나는 일도 가끔은 힐끔 쳐다보자. 당신이 풀지 못하는 문제가 다른 분야에서는 일상화되어 있는 경우는 얼마든지 있다. 생각의 틀을 깨기 힘들다고 한탄만 하고 있지는 않은가? 그렇다면 당신만의 생각의 틀로 다른 업종, 다른 분야, 다른 사람들이 하는 성공적인 패턴의 틀을 들여다보라.

어렵다고만 생각하지 말자. 해결책은 전혀 엉뚱하고 색다르게 찾아올 수 있다. 예기치 않은 상황에서도 발견할 수 있고, 우연한 기회에 순간적으로 찾아오기도 한다. 영플라자를 성공적으로 오픈한 배경에도 다른 분야와 다른 영역에서 가져온 성공의 틀이 있었기 때문이다.

두 번째는 두 가지 이상의 패턴이 상호 보완적인 역할을 하게 되는 경우다.

서로 상관이 없어 보이지만 서로에게 좋은 영향을 주고 있는 패턴이다. 악어와 악어새의 관계라고나 할까. 한 부분의 일반적 기능이 다른 분야의 성장을 가져다주는 패턴이 된다.

타이어와 맛집은 어떤 관계가 있을까? 서로 상관이 없어 보인다. 타이어를 생각하면 오히려 밥맛이 없어진다고 할까. 하지만 상관이 없어 보이는 이 두 분야도 재미있는 연결성을 가진다.

미슐랭 가이드(michelin guide)가 이러한 성공의 패턴을 잘 적용했다. 미슐랭 가이드는 프랑스 타이어 회사 미쉘린이 출판하는 세계 최고 권위의 레스토랑 평가 잡지다. 프랑스어 발음인 '기드 미슐랭'으로도 알려져 있다.

이 책자는 1900년 타이어 구매 고객에게 무료로 나눠준 자동차여행 안내 책자에서 시작되었다. 타이어 회사 미쉘린은 타이어 구매 고객을 위한 서비스로 음식점에 대한 정보를 담은 책자를 배포했다. 이것이 미슐랭 가이드의 시작이었다. 1900년 창간되어 1926년 음식이 맛있다고 소문난 호텔에 별을 붙인 것이 시초가 되었다. 이후 식당까지 별을 붙이는 현재의 방식은 1933년부터 시작되었다.

타이어 회사가 맛집 책자를 만드는 이유가 뭘까? 맛집을 찾아다니면 자연스럽게 타이어의 소모가 많아진다. 타이어 소모가 많아지면 수요도 같이 늘어나다. 맛집과 타이어는 서로 '먹고 먹히는' 관계다.

타이어는 맛집을 더 소문나게 만들고 맛집은 타이어 산업을 더 성장하게 만드는 역할을 한다. 타이어와 맛집을 연결하는 재미있는 구조가 미쉘린이 타이어 회사로 장수하는 패턴을 만들어냈다.

보통 사람은 하루에 약 5만 가지 생각을 한다. 지금 하고 있는 생각도 5만 가지 중 하나다. 하지만 오늘 하는 생각의 95%가 어제 똑같다고 한다. '점심엔 무엇을 먹을까', '오늘 회사에 출근하면 또 바쁘겠지', '그 사람과 마주치면 어떻게 할까', '지금까지 한 방식으로 이번 프로젝트도 진행하면 되겠지'처럼 어제 했던 생각을 반복하고 있는 것이다.

똑같은 생각에 동일한 패턴으로 생활하고 있다는 말이 놀랄 만한 일은 아니다. 이렇게 우리는 동일한 생각의 패턴에 갇혀 있다. 주위를 둘러보자. 전혀 다른 세상을 봐도 좋다. 뜻하지 않은 곳에서 놀라운 성과를 내는 해법을 찾을 수 있다.

다른 곳의 평범함이 당신의 상황에서는 모범답안이 될 수 있다. 그렇기 때문에 상황을 해석하는 힘을 키워야 한다. 다른 상황을 내게 맞게 가져오려면 상황을 제대로 읽고 해석할 수 있어야 한다. 그러기 위해서 상황을 해석할 수 있는 근육질적인 사고가 필요하다.

04

익숙한 어제와 결별하라

"회사에서 인정받고 안정적으로 일하고 있는데 왜 옮기려고 하나?"

롯데백화점에서 삼성전자로 옮길 때 평소 내가 잘 따르던 부사장님이 했던 이야기다.

"삼성전자에 잘 다니고 있는데 그렇게까지 치열하게 살면서 책까지 쓰려고 하니?"

주위 분들이 나를 걱정해주시는 이야기다. 익숙함을 벗어나려고 할 때마다 주위에서 들을 수 있는 '익숙한 말들'이다.

대부분의 사람들이 직장을 축으로 생활을 영위하고 있다. 아침에 일어나면 관성적으로 출근 준비를 한다. 가족들 얼굴도 제대로 보지 못하고 집을 나선다. 콩나물시루 같은 지하철에서의 출근길. 그래도 생계를 지탱해주는 직장이기에 참고 출근한다.

직장은 대부분의 사람들에게 익숙한 공간이다. 평생 익숙한 공간이기를 바라는 것 같다. 그렇게 일상을 보내고 있는 당신은 '아무 일'도 일어나지 않을 것이라고 '당연'하게 생각한다.

세상은 빠르게 변하고 있다. 지금은 직장이라는 상황 자체가 '변화'의 중심에 서 있다. 매일 출근하는 직장의 개념도 급격하게 변하고 있다. 한번 들어가면 평생직장이라는 개념도 없어진지 오래다.

얼마 전 퇴직을 앞두고 있는 대기업의 임원을 만났다. 무엇을 할지 두렵다고 한다. 회사를 그만두면 '앞으로 무엇을 할 것인가?'라는 질문에 맞서기가 두려운 것이다.

사람들은 익숙한 상황과 헤어지는 것을 두려워한다. 자연스러운 현상이다. 익숙하다는 것은 현재의 '행동이 편안하다'는 것이고 지금 하고 있는 '생각이 당연하다'는 것이다. 이처럼 우리는 익숙해지면 몸과 마음이 편안하고 당연하게 생각되는 것이다.

물론 익숙해져서 편안하고 당연해지는 것이 나쁜 것은 아니다. 새로운 사람과 만나면 설렘이 있다. 익숙하면 익숙한 대로 편하다. 여자 친구나 남자 친구와 처음 만난 때를 기억해보자. 설렘도 편안함도 있는 것이다.

하지만 시간이 지나면서 잘 해주는 것이 당연하다고 여겨진다. 편해지기 시작하면 기념일에 선물을 받는 것도, 당신에게 잘 해주는 것도, 어디에서 무엇을 하는지 연락하는 것도 당연하다. 그때부터 '원래 그래'라는 말을 자주 쓰게 된다. 특별한 기대를 하지만 당연한 결과만 나오기 때문이다. 그런 생각에서부터 크고 작은 불화가 시작된다.

기부도 비슷한 것 같다. 사람들은 흔히 언젠가 돈을 벌면 기부하는 삶을 살겠다고 이야기한다. '돈을 벌면 기부할 수 있다'라는 익숙한 사고 때문이다. 기부를 하면서 비즈니스를 하는 것은 왠지 익숙하지가 않다.

탐스슈즈의 창업자 블레이크 마이코스키는 기부를 비즈니스의 영역으로 끌어들였다. 물건을 파는 것 자체가 기부를 하는 것과 같게 만든 것이다. 탐스슈즈는 고객이 신발 한 켤레를 사면 신발 한 켤레를 기부한다.

블레이크 마이코스키가 아르헨티나로 휴가를 갔을 때의 일이다. 가난한 아이들에게 신발을 나눠주는 봉사활동에 참여하면서 충격을 받았다. 아이들이 신발이 없어서 많은 질병에 노출되어 있는 것을 본 것이다. 그들에게 도움이 필요하다는 것을 인지하고는 방법을 고민했다. 그래서 나온 아이디어가 신발을 팔면서 기부도 할 수 있게 신발 회사를 직접 만드는 것이었다.

그의 철학에 공감하는 사람들의 입소문으로 회사는 나날이 성장하고 있다. 그는 연간 200일 넘게 탐스슈즈의 이야기를 들려주면서 강연을 다니고 있다.

블레이크 마이코스키가 돈을 벌어 기부를 하려고 했다면 '탐스'라는 브랜드는 태어나지 못했을 것이다. 하지만 그는 기부와 사업을 동시에 생각했다. '원래 그래'라고 생각했다면 시작할 수 없었다. 그는 익숙한 상황에서 익숙하지 않은 생각을 한 것이다.

쇼펜하우어는 이렇게 말했다.

"같은 물건을 오래 바라보면 눈이 흐려져 결국 아무것도 보이지 않게 된다. 그와 마찬가지로 한 가지 일만 계속 생각하면 오히려 이해하기 어려운 경우가 있다."

그렇다. 내가 가지고 있는 휴대전화, 펜도 오래 쓰다 보니 익숙해졌다. 지금 내가 익숙하게 생각하는 많은 것들은 처음엔 내 시선을 사로잡은 새로운 것들이었다. 처음의 소중함이 시간이 지나 익숙함으로 변한 것이다. 그러다 보니 당연하게 된 것이다.

주의를 기울이지 않으면 주위에서 일어나는 변화도 보지 못한다. 매일 출근하면서 같은 길을 100번째 걸으면 풍경을 놓치기 마련인 것이다.

무게 1.5km의 단백질 조직인 뇌. 공평할 것 같은 뇌는 모든 것을 공평하게 대하지 않는다. 편한 것만을 받아들이려는 성향이 있고, 이미 알고 있는 정보와 유사한 것을 더욱 쉽게 받아들인다. 그것이 편하기 때문이다. 그래서 사람들은 변화를 힘들어한다.

지금 당신이 잘 다니는 회사도 변할 것이다. 평생직장은 더욱 될 수 없는 환경이다. 편안하고 당연한 것이 오히려 당신의 미래를 위협한다. 이것이 익숙함을 버려야 하는 이유다. 무엇보다 익숙함은 우리가 의사결정을 내리는 것도 방해한다.

미국의 유명한 사회과학자 하버트 사이먼은 익숙함이 의사결정을 얼마나 방해하는지에 대한 실험을 했다.

첫 번째 실험은 체스의 고수인 A 그룹과 체스를 전혀 모르는 B 그룹에게 체스게임을 보여준다. 일정 시간 후 체스의 기보(체스 게임의 흐름을 글로써 표현하는 것)를 적어 제출한다. 예상대로 고수인 A 그룹은 완벽하게 기억했다. 체스를 모르는 B 그룹은 대부분 틀렸고 30% 정도만 기억했다.

두 번째 실험은 체스게임 규칙에 맞지 않은 엉터리 게임을 보여주었다. 첫 번째 실험과 동일한 방식으로 일정 시간 후 기보를 적게 했다. 그런데 결과는 첫 번째와 정반대였다. A 그룹은 거의 다 틀렸지만

B 그룹은 30~40명가량이 기보를 제대로 적어 제출했다.

익숙함이 의사결정을 방해한 것이다. 익숙한 오늘에 만족하다 보면 미래를 위해 무엇을 준비해야 하는지도 제대로 인식하지 못한다는 것을 보여준다. 익숙함이란 버리기 힘든 유혹이다. 불안함을 떨쳐버리기 좋은 피난처이기 때문이다.

익숙함의 함정에 과감히 맞서야 한다. 그래야 변할 수 있고 미래도 준비할 수 있다. 당신의 현재 위치가 '당신 자신'이 아니기 때문이다. 일상과 직장의 익숙함에서 벗어날 수도 있어야 한다. 그것이 내일의 리스크를 줄이는 방법이 될 것이다.

익숙한 오늘에 만족하다 보면 꿈을 이룬 내일은 영원히 오지 않는다. 어제의 익숙함을 버리기 위해 끊임없이 싸워라. 익숙함을 버리는 시도조차 하지 않는 것은 실패를 자초하는 것과 같다. 새로운 길을 나서지 않고는 새로운 꿈을 만날 수 없다.

새롭게 시작할 때나 곤경에서 다시 일어서려 할 때도 과거에서 벗어나는 것이 무엇보다 중요하다. 다시 시작할 때 과거에 얽매이면 장애가 되기 때문이다. 새로운 일을 시작하기 전에 반드시 과거의 활동을 끝맺는다. 이것은 쓸데없는 일의 방지를 위해서도 필요하다. 그렇지 않으면 과거에 했던 일을 답습하기 쉽다. 과거의 길에서 벗어나야 새로운 눈으로 세상 보는 법을 배울 수 있다.

내일의 나는 오늘의 나보다 더 나아져야 한다는 생각으로 일을 시작한다. 파도를 타듯 다음 일을 진행시키는 것이다. 의도적으로 익숙함을 버려야 성장의 기회가 생긴다. 지금도 '원래 그랬어'라는 생각 때문에 제자리에서 서 있으려고 하지 않은가. '원래 그랬어'는 어제를 산 우리들의 변명일 뿐이다.

익숙함을 던져버리고 성장을 위한 새로운 근육을 만들자. 매일 새롭게 시작한다는 마음으로. 변화는 당신 인생의 혁명과도 같다.

05

단순함이 경쟁력이다

"요즘 머릿속이 너무 복잡해요."

"경기가 안 좋아서 그런지 이것저것 일도 더 많아지고. 종일 시달리는 기분이에요."

"회의, 전화, 이메일에 매일 받아들여야 하는 정보까지 알아야 할 게 너무 많아졌어요."

강연을 하다 보면 이런 말을 하는 직원들을 만난다. 요즘 직장인들이 대부분 그렇지만 주위가 너무 복잡하고 정신없이 돌아간다고 한탄조로 털어놓는다.

출근하고 나서 동료가 부탁한 서류, 상사가 요청한 프로젝트 기획서도 준비해야 하고 퇴근 후엔 영어회화도 공부해야 한다. 복잡한 일상 속에서 헤매다가 아무것도 못하고 하루를 마무리하는 날이 비일비재하다.

많은 사람들이 현재 상황을 버거워한다. 우리는 너무 많은 일을 하고 있다. 정보의 양도 기하급수적으로 늘어났다. 인간의 뇌는 무한한 수용성을 갖고 있지만 한꺼번에 많은 것을 처리하지 못한다. 보통 사람의 기억력은 약 7개의 정보를 동시에 약 18초 동안 기억할 수 있다고 한다. 현상을 설명함에 있어서도 가장 단순한 패턴을 찾으려는 경향이 있다.

복잡한 일일수록 단순하게 푸는 것이 현명하다. 한꺼번에 여러 가지 일을 할 수도 없고, 모든 일들이 똑같이 중요하지도 않다. 파레토 법칙처럼 성과의 80%는 20%의 노력에서 나온다.

우리의 몸도 단순함에 익숙하다. 실제로 우리 몸은 우리가 실천하고자 하는 하나의 일만 할 수 있다. 여러 가지 일을 동시에 할 수 있다고 생각하는가? 단지 짧은 시간에 여러 가지의 일을 하고 있을 뿐이다. 책을 읽으면서 커피를 마시는 일은 동시에 하는 것처럼 보이지만 커피잔을 드는 순간 당신의 생각은 커피를 마셔야 한다는 생각으로 옮겨진다. 그런 다음, 책을 다시 응시하게 되는 것이다.

우리 몸을 움직이게 하는 것은 생각이다. 그래서 생각이 복잡하면 몸도 힘들어진다. 너무 많은 생각으로 몸을 힘들게 하지 말자. 성과를 내기 위해서 생각이 먼저지만 실행은 몸으로 해야 하기 때문이다.

중요하지 않은 일에 너무 많은 시간을 투자하다가 정작 해야 하는 일은 지나가 버리지는 않은가? 해답은 단순하다. 당신의 노력에도 선택이 필요하다. 모든 것을 중요하다고 생각해서 이것저것 하다 보면 아쉬움만 남을 뿐이다.

중요하지만 일상적인 일은 습관으로 만들어 단순하게 만들어야 효과적이다. 당신이 성취한 성과도 대부분 하나의 큰 행동에서 나온 것이 아니라 작은 습관의 합에서 나왔기 때문이다. 매일 영어 한 문장씩 외우는 습관이 영어를 더 잘하게 만든다. 성공은 하루아침에 이루어지지 않는다. 누적의 힘이 절대적으로 필요하다.

나는 책을 내고 싶었기에 매일 한 줄이라도 컴퓨터 앞에 앉아 썼고, 매일 운동이 하고 싶었기에 아침 40분은 걸어서 출근하는 습관을 만들었다. 영어공부는 명함지갑에 단어카드를 10장씩 넣어 다니는 습관을, 한 달에 4권의 책을 읽기 위해 가방에 책 2권씩을 넣어 다니는 습관을 만들었다. 나만의 시간을 확보하기 위해 아침 5시 30분에 일어나는 습관을, 업무에 지치면 남을 배려하기 쉽지 않기 때문에 출근하면 감사일기부터 쓰는 습관으로 하루를 시작했다.

매일 해야 하는 나에게 소중한 일들을 작은 부분으로 나누어 단순한 습관으로 만들었다. 습관의 가장 큰 장점은 큰 노력이 필요하지 않다는 것이다. 일단 시작하면 바퀴가 굴러가듯 행동하게 된다.

꼭 필요한 일들을 습관으로 만들고 나니 생활이 단순해졌다. 나머지 시간에는 업무에 집중할 수 있게 되었다. 업무에 몰입하게 되니 업무성과도 만족감도 높아졌다.

단순화는 문제를 해결하는 데도 중요한 키워드다. 복잡해 보이는 문제도 해법은 간단한 경우가 많다. 본질을 이해하게 되면 답도 쉽게 얻을 수 있다.

디즈니랜드 개장을 앞둔 시점. 건축가 발터 그로피우스는 고민에 빠졌다. '각 테마를 연결하는 길을 어떻게 낼 것인가?', '어떻게 해야 동화의 나라에 온 것 같은 길을 만들 수 있을까?' 개장을 앞두고 '길'이라는 난관에 부딪혔다. 공원 측의 독촉도 심했다.

그는 잔디밭을 산책하던 중 멋진 아이디어가 떠올랐다.

"관광객들에게 직접 길을 만들게 하자!"

그는 디즈니랜드에 잔디를 심고 개장을 했다. 개장 후 몇 개월이 지나자 사람들이 밟고 지나간 곳이 길이 되었다. 자연스럽고 구불구불한 아름다운 길이었다. 디즈니랜드는 실제 동화의 나라가 된 것이다.

단순한 방법이 가장 효과적이다. 발터 그로피우스는 사람들이 자연스럽게 이동해서 길을 만들어내는 가장 단순한 방법을 선택했다.

많은 생각을 하다가 아무것도 못하는 경우가 얼마나 많은가. 복잡한 변수를 모두 생각하다가는 제대로 하는 것이 하나도 없을 수도 있다. 단순하게 생각하고 단순하게 시작하자.

삼성에서 일하면서 풀어야 할 문제가 있으면 가장 단순한 방법을 선택했다. 고객들에게는 복잡한 것은 새로운 결점이 될 수 있기 때문이다. 고객들은 복잡한 의사결정을 싫어한다.

성과의 대부분은 당신이 실천하는 몇 개의 일에서 시작한다. 남들과 다른 성과도 마찬가지다. 남들과 다른 결과는 생각보다 훨씬 적은 행동이나 단순함에서 나온다.

우리는 단순한 것을 복잡하게 설명하기 위해 많은 교육을 받았다. 하지만 복잡한 것을 단순하게 말하기 위해서는 현명해질 필요가 있다. 교육을 받으면서 단순함의 힘을 과소평가하게 되었는지도 모른다. 세상이 복잡하게 돌아간다고 같이 복잡하게 살 필요는 없다. 또한 우리가 살고 있는 세상은 절대로 단순해지지 않을 것이다. 오히려 점점 더 복잡해질 것이다. 단순함은 복잡한 세상을 지혜롭게 살아가는 가치 있는 경쟁력인 것이다.

복잡한 세상을 이기는 단순함의 힘을 믿어라.

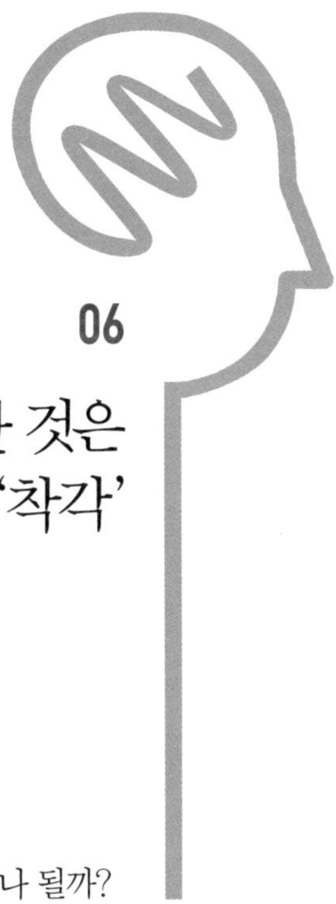

06

가장 위험한 것은 '안다'라는 '착각'

고정관념이 없다고 말할 수 있는 사람은 얼마나 될까?

고정관념과 편견에서 벗어나기 위해 노력하지만 아직도 내게 고정관념과 편견이 남아 있다는 것을 하루에도 몇 번씩 느낀다. 사람마다 생각이 다를 수밖에 없다. 자란 환경도 태어난 장소도 배운 과정도 다르지 않은가.

고정관념 중에 가장 큰 고정관념은 '내 생각이 옳다'는 것이다. 남의 말을 받아들이지 못하고 내 주장만 하는 것, 항상 같은 실수를 반복하는 것, 남의 의견을 끝까지 경청하지 못하는 것도 '내가 옳다'고 생각하기 때문이다. 알아야 할 것을 알고 있다고 생각하는 순간부터 다른 사람들과 협력하거나 조언을 받아들이지 않는다.

내가 아는 롯데백화점의 임원은 하는 일마다 정말 성과가 좋았다. 함께 일하면서 나와도 궁합이 잘 맞는다고 생각했다. 나는 그분을 멘토로 생각하면서 많이 배우려고 노력했다. 그렇다고 나하고만 일하는 궁합이 맞는 것은 아니었다. 대부분의 직원들과 조화롭게 일했다. 그 임원은 모든 이야기를 열린 마음으로 들어주기 때문이다.

열린 마음은 내가 백화점에서 성과를 내면서 근무할 수 있었던 이유이기도 했다. 한 번씩 말도 안 되는 소리를 해도 '그럴 수도 있겠다'라고 생각하면서 일을 할 수 있는 가능성을 열어주었다. 여러 대안 중에 하나를 선택하는 것이 방법이 하나밖에 없는 것보다 훨씬 유리하다. 그분은 '내가 항상 옳다'는 고정관념이 없었기에 승승장구할 수 있었다고 생각한다.

우리나라에서는 비가 오면 우산을 써야 한다고 생각한다. 그러나 아프리카 오지의 사람들은 비가 오면 그릇을 밖에 두고 물을 받고 목욕까지 한다. 프랑스 사람들은 우산 대신 우비를 입는다. 우산을 쓰면 길을 걸을 때 손이 자유롭지 못하고 시야도 좁아져 사고가 날 가능성이 높다고 생각하기 때문이다.

사람들은 이렇게 고정관념의 틀에 갇혀 있지만 자신이 고정관념의 틀 속에 살고 있다고 느끼지 못한다. 항상 자신의 생각이 옳다고 전

제한다. 세상의 변화를 무시한 채 과거의 방식을 고집하는 것이다.

아무런 근거 없이 '옳다'고 믿는 가치들이 있다. 익숙한 대로 믿어버린 낡은 생각들이 있는 것이다. 그러다 보니 살아가면서 경험하는 일들을 너무 기계적으로 판단한다.

실직은 세상과 단절할 정도로 본인을 힘들게 한다. 직장에서의 승진은 무조건 좋은 일이며, 좌천이라도 당하면 곧장 사직서를 제출하는 것도 많이 볼 수 있다. 이렇게 기계적인, 정해진 방식대로 행동하는 것이 비일비재 하다.

내가 알고 있는 사업가의 이야기다. 회사에서 감사를 받고 뜻하지 않게 사직서를 제출했다. 당시에는 공황상태를 경험하기도 했지만 곧 새로운 기회로 생각했다. 마음이 맞는 사람과 사업을 시작한 것이다. 불경기라지만 사업은 잘 되어 주위에서 부러워할 정도로 회사도 성장했다.

얼마 전에 만난 그는 이렇게 말했다.

"그때 회사가 날 버리지 않았다면 나에게 이런 기회와 행운은 주어지지 않았을 거야."

사회생활의 경험과 뜻하지 않는 실직이 그에게는 큰 기회가 된 것이다. 회사에서도 그렇다. 빠른 승진이 빠른 퇴사로 이어지는 경우도 많고 동기들보다 늦었지만 마지막에 가서 임원으로 잘 되는 경우도 많이 본다.

고정관념의 딜레마 중의 하나는 당신을 편안함에 가둔다는 것이다. 일상의 대부분을 똑같은 생활을 하도록 만든다는 것이다. 그렇게 하다 보면 남들과 같은 방식으로 생각하며 산다. 남들이 하니 그렇게 하는 것이 편하고, 그렇게 경험하다 보니 몸에 자연스럽게 당신만의 틀이 생긴다.

1968년 멕시코 올림픽, 한 높이뛰기 선수가 출발선 앞에 서서 숨을 고른 후 힘차게 높이뛰기 바를 넘기 위해 도움닫기를 했다. 그가 높이뛰기 바를 뛰어넘는 모습을 보자 심판들과 경기장에 모인 8만 명의 관중들은 깜짝 놀랐다.

높이뛰기 역사상 처음으로 몸을 뒤로 뉘어 넘는 기술을 선보였기 때문이다. 당시에는 대부분의 선수들이 한쪽 다리씩 교차로 뛰어 넘는 '가위뛰기'나 땅을 쳐다보면서 뛰어넘는 '정면뛰기'를 활용했다. 그 자리에 있던 많은 경쟁자, 기자들은 그의 방법을 깔보고 비웃었다.

하지만 그는 대단한 일을 해냈다. 기존의 생각을 뛰어넘는 상상력으로 높이뛰기 기술에 센세이션을 일으켰고, 신기록을 세우며 금메달을 땄던 것이다.

그가 바로 미국의 높이뛰기 선수인 포스베리다. 포스베리는 높이뛰기 역사상 처음으로 '배면뛰기'를 시도했다. 그의 배면뛰기는 당시 매우 생소하고 신선한 충격이었다. 포스베리는 당시 기존의 틀을 깨면서 다른 누구도 생각하지 않았던 것을 해냈다. 신선한 충격을 던진 이 기술은 지금 포스베리의 이름을 따서 '포스베리 점프(Fosbury flop)'라고 부른다.

남들과 같은 방식대로 해서는 경쟁력이 없었다. 그는 남들과 같은 기술을 사용해서는 경쟁자들을 이길 수 없다는 것을 알았다. 고정관념을 깨자 가장 이상적인 결과를 얻었고 지금은 대부분의 선수들이 포스베리 점프를 구사한다.

어제의 나와 똑같이 생활해서는 더 이상의 진화도 없다. 변화를 싫어하는 사람들은 내일은 뭔가 좋은 일이 생길 것 같다는 기대감으로 살지만 결과는 허무할 뿐이다. 지금의 현실과 다르게 행동하는 것은 틀린 게 아니다. 단지 다를 뿐이다. 하지만 그 다름에서 경쟁력이 생기고, 그 다름이 나를 성장시키는 발판이 된다.

남들과 다르게 행동하기 위해서는 용기와 때론 고독한 의사결정의 시간이 필요할 수도 있다. 하지만 어제와 다름을 경험한 사람만이 진화할 수 있다. 성공은 언제나 우리의 안정권 밖에 있다. 안정권을 떠나는 것이 바로 꿈을 이루기 위해 우리가 치러야 할 대가다.

잭 캔필드와 재닛 스위처는《성공의 원리》에서는 이렇게 말했다.

"자신의 안정권을 자신이 갇혀 있는, 자신이 만들어낸 감옥이라고 생각해보라. 감옥은 살아오면서 쌓이고 점차 강화된 부정적인 생각과 결론에서 생겨난 못하는 일, 해야 하는 일, 하지 말아야 하는 일과 같은 근거 없는 신념의 집합체다."

근거 없는 신념의 집합체! 그렇다. 고정관념은 당신도 알지 못하는 사이에 교육 때문에, 과거의 경험 때문에 생긴 근거 없는 신념의 집합체인 것이다.

자신이 만들어낸 안정권, 고정관념을 벗어던져야 새로운 시도를 할 수 있다. 누구나 안전한 삶을 원한다. 하지만 안전한 삶을 추구하는 사람은 가장 불안한 삶을 살게 된다. 고정관념에서 벗어나야 삶의 새로운 모습을 볼 수 있다.

고정관념에서 벗어나는 유일한 해결책은 가능성을 열어두고 많이 듣는 것이다. 나보다 많이 알고 있는 사람들에게 마음을 열고 많이 듣는 것이다. 그것보다 좋은 방법은 없다. 고정관념에 사로잡혀 있으면 행운도 대문 앞에서 발길을 돌린다. 변화를 두려워하지 말고 마음의 문을 열자.

많이 들어주면 상대방의 입장에서는 '경청'이 되고, 내 입장에서는 유익한 '정보'가 된다. 삶의 스승이기보다는 삶의 제자이기를 바라고, 스스로 말하기보다는 남의 말을 듣기를 즐겨야 한다.

그렇게 하는 것이 무지보다 위험한 '안다'라는 '착각'에 빠지지 않는 가장 좋은 해법이다.

07

문제가 답이다

종종 사람은 문제가 생겨야 생각하고 행동한다. 문제라고 인식해야 움직이기 시작한다. 평소 몸이 건강하지 못했던 사람은 병원에서 진단을 받으면 운동을 하게 된다. 회사에서의 일도 문제가 될 것이라는 전제하에 움직이기 시작한다.

문제만 제대로 인식해도 제대로 된 답을 얻을 수 있다. 하지만 대부분의 사람들은 정확한 문제인식보다 '답'을 먼저 찾으려고 한다. 오답은 거기서부터 출발한다. 그렇다면 어떻게 해야 문제를 제대로 인식할 수 있을까? 어떻게 하면 제대로 문제를 볼 수 있을까?

문제를 제대로 보는 척도는 '제대로 된 질문'이다. 제대로 된 질문은 문제를 근본적으로 해석할 수 있는 힘을 가지고 있다.

롯데백화점에서 봄 시즌을 준비할 때였다. 사장님이 최근의 이슈에 대해 언급하면서 대안을 요구했다.

"20대 고객들이 많이 줄었어요. 그들이 다시 올 수 있는 대책이 필요합니다."

나와 팀원들은 모여 아이디어 회의를 계속했지만 뚜렷한 답을 찾을 수 없었다.

"무엇을 해야 올까?"

"어떻게 하면 20대를 백화점으로 오게 할 수 있을까?"

회의가 계속 되던 도중 한 직원이 질문의 방향을 돌렸다.

"도대체 그들은 어디에 있지?"

핵심을 찔렀다. 그 질문이 '제대로 된 질문'이었다. 우리는 어디에 그들이 있는 줄도 모른 채 대책부터 만들고 있었다. 우리 팀은 말만큼 실천도 빨랐다. 당시에 조사하던 방식대로 가로수길, 홍대, 강남역을 돌아다녔다. 30~40대 직장인이 대부분이었다. 예전엔 핫한 곳에서 좋은 브랜드나 콘텐츠를 조사했다. 고객을 한정해서 보니 보이는 세상도 달랐다. 하지만 우리가 찾는 고객은 도무지 찾을 수가 없었다.

조카나 친척 중에 10대, 20대 초반에게 직접 묻기도 했다. 그렇게 하다 보니 가보지 않았던 곳까지 관심을 가지게 되었다.

노래방, 10대들의 클럽, 중저가 화장품 가게….

그들의 움직이는 공간과 30대 이상이 움직이는 공간은 너무나 달랐다. 그때서야 그들의 공간을 이해할 수 있었다. 그렇게 해서 백화점에 최초로 온라인 브랜드를 입점시켰고 10대들을 위한 편집숍도 개발할 수 있었다.

문제에 대해 남다른 해법을 원하는가? 남다른 아이디어가 필요한가? 먼저 스스로에게 질문을 가능한 한 많이 던져야 한다. 문제가 곧 답이 될 수 있다. 좋은 질문은 제대로 된 답으로 가는 방향을 가르쳐준다.

우리나라 양궁은 세계 최고 수준이다. 올림픽 때마다 금메달을 딸 것이라는 기대와 열망으로 경기를 본다. 정중앙의 표적을 맞추는 것을 보면 신기하기까지 하다. 화살 한발로 10점 만점을 얻는 것이 목표다. 과녁의 중앙에 맞춰 10점을 받기 위해서 가장 중요한 것은 방향이다. 화살이 좋다고 과녁에 맞는 것은 아니다. 무엇보다 화살이 날아가는 방향이 중요한다.

마찬가지로 문제를 해결하기 위해서는 질문이 중요하다. 좋은 질문은 문제를 어떻게 풀어야 하는지 방향을 알려준다.

애플이 아이폰을 출시하기 전까지 휴대전화를 만들던 제조업체들은 더 많은 버튼과 기능이 필요하다고 생각했다. 더 복잡한 옵션과 버튼을 위해 경쟁했다. 소비자들이 그것을 원한다고 생각한 것이다. 하지만 애플은 소비자가 원하는 것은 편리한 것이지 복잡한 것이 아니라는 것을 정확히 꿰뚫어보았다.

또한 질문은 모를 때만 하는 것이 아니다. 일하다 보면 불만, 불평이 많이 생긴다. 능력의 한계, 시스템의 부재, 인력의 부족, 현실에 대한 불평, 상대방에 대한 불만 등 한두 가지가 아니다. 일상의 불만, 불평을 해결하기 위해서 한 질문이 뜻하지 않은 기회를 가져다주기도 한다. 이런 경우에도 질문은 완전히 다른 차원으로 문제를 해결하는 가장 강력한 도구가 된다.

프라이팬으로 요리를 하다가 기름이 튀어 화상을 입는 경우가 많다. 음식을 뒤집다가 모양이 망가져 마음이 상하기도 한다. 생선을 요리하다 보면 연기와 냄새가 많이 나서 항상 신경 쓰였다. 대다수는 이런 불편함을 당연하다고 생각하고 넘겼다. 하지만 누군가는 이 문제를 해결해 현재 1,500억 원대 매출을 올리는 사람이 있다.

해피콜의 이현삼 사장이다. 그는 붕어빵 기계에서 아이디어를 얻어 프라이팬을 양면으로 만들었다. 불편함을 문제로 여겨 해결하려고 노력했기 때문이다. 새로운 아이디어는 국내뿐만 아니라 세계적으로 대박을 친 상품이 되었다. 남들이 당연하다고 여기는 불편함이었지만 그에게는 문제가 답이자 기회였다.

컨테이너 박스도 불편을 해결한 것이 운송을 역사를 바꾼 계기가 되었다. 1950년대까지 선박으로 상품을 운송할 때에는 작은 자루나 통에 담아 운송했다. 하역 직원들이 항구에서 대기하고 있다가 자루나 통을 직접 싣고 내려야만 했다. 거대한 배에서 양도 많고 다양한 상품들을 일일이 손으로 내리고 옮겼으니 얼마나 힘든 작업이었겠는가. 시간과 비용도 상당했을 것이다.

이 문제를 해결한 사람이 당시 미국의 트럭 운반업체 운영자인 맬컴 맥린(Malcom McLean)이었다. 1956년 맬컴 맥린은 기존 방식에 문제가 있다고 생각하고 컨테이너 박스로 운송하는 방법을 고안했다. 이것은 운송의 역사를 바꾼 획기적인 방법이었다.

그는 화물을 선박과 트럭 사이에 바로 옮겨 실을 수 있는 큰 금속 컨테이너를 발명한 것이다. 금속 컨테이너에 대한 아이디어를 실제로 실험하기 위해 유조선을 개조해 첫 컨테이너선에서 컨테이너 박스를 싣고 운송 사업을 시작했다.

단순한 철판 상자의 도입으로 세계의 운송 산업은 폭발적으로 성장했다. 선박에서 자루나 통으로 싣고 내리던 불편한 방법이 철판 상자로 바뀌자 운송의 역사가 새롭게 시작되었다.

불만과 불편함이 세상을 바꾸는 원동력이 된다. 자동차는 걸어 다니기 싫어하는 사람이 먼저 생각해 만들었고, 엘리베이터 역시 계단을 오르기 싫은 사람이 만들었다. 불만을 바라보는 우리의 생각을 바꾸는 힘이 필요하다. 그것이 질문의 힘이다. 불평과 문제를 극복하겠다는 의지. 이것은 내일을 살아갈 희망을 준다. 현실을 긍정적으로 바라본다면 말이다.

어떤 것이 문제라고 여기는 당신의 생각이 꼭 부정적인 것은 아니다. 남들이 생각하지 않은 것을 생각하는 기회를 가지게 되고, 여기서 새로운 관점이 생긴다.

문제를 회피하지 말고 과감하게 도전하여 해결하는 사람이 되라. 예상하지 못한 문제가 일어났다고 해서 당황할 필요도 없다. 문제와 부딪힌다면 당신이 한 단계 성장할 수 있는 기회가 되는 것이다.

문제보다는 항상 해결책이 더 많은 법이다. 문제가 바로 답이자 기회다.

08

문제 앞에서 웃을 수 있는 용기

문자가 생기지 않은 시대에는 손짓, 눈빛으로 의사소통이 가능했다. 문자가 발달하고 말로 표현하는 게 많아질수록 의사소통은 더 힘들어지는 것 같다.

디지털 기기에 손짓과 눈빛을 다 주고 사는 시대인 지금 소통은 더 잘 되고 있는 것 같아도 사람들의 고민거리는 갈수록 늘어만 간다.

"그 사람 도대체 왜 그러는지 모르겠어요."

"상사한테 보고해야 하는데, 무슨 말부터 해야 할지 걱정이에요"

사람의 생각만큼 걱정거리도 많다. 걱정도 성격에서 나오기 때문이다.

"뭐 , 그걸 가지고 걱정해."라고 할 수 있지만 그 사람에겐 그것이 가장 큰 걱정인 것이다. 중요한 건 걱정이 성격에서 나온다는 것을 깨닫는 것이다. 상대방은 그것을 걱정하지 않을 수도 있다.

삼성전자로 옮긴 후에 내게도 고민은 있었다. 10년 이상 다른 직장을 다녔기 때문에 하루 빨리 삼성의 문화를 흡수하고 싶었고 임원들의 생각과 노하우도 알고 싶었다.

고민하고 바라면 역시 답은 찾아온다. 운 좋게 삼성전자의 임원들에게 멘토링을 받을 기회가 있었다. 각 분야별 임원들의 경험과 노하우를 들을 수 있는 의미 있는 자리였고, 멘토링을 마치고 가진 식사 자리에서는 개인적인 이야기도 들을 수 있었다. 그들은 생각의 근육이 강했다. 생각이 반드시 답을 찾아내는 이유는 세월이 흐를수록 생각의 근육이 더욱 단단해지기 때문이다.

상황이 좋든 나쁘든 언제나 플랜B를 생각해둔다. 사람들이 어려울 것이라고 예상하는 일에도 가능성을 찾아내는 능력이 있는 것이다.

평범한 일도 탁월하게 해내는 실행력을 갖고 있다. 매일 아침 눈 뜨는 순간에도 그날의 성과를 위한 가능성을 생각하고 그 가능성을 위해 작은 일부터 하나하나 실천하는 습관을 가지고 있다.

일의 본질을 뚫어보면서 일한다. 왜 이 일을 하는가에 대한 확실한 믿음이 있다. 본질을 어떻게 보느냐에 따라 일의 성과가 달라지기 때문이다. 사실 직장생활에 대한 태도가 곧 삶에 대한 태도인 것이다. 성과를 내는 방식은 직장이든 삶이든 비슷한다.

나에게 더없이 소중한 시간이었다. 그들은 어떤 문제든 똑바로 쳐다보고 답을 구했다. 오히려 웃는 여유까지 있다. 항상 변화를 꿈꾸는 나는 인생 선배들에게 많은 것을 배우는 자리였다.

임원들에게 받은 멘토링은 내가 대학생들을 대상으로 멘토링 해주는 프로그램에 참여했을 때에도 큰 도움이 되었다. 그들의 입장에서 충분히 더 이해하고 이야기해줄 수 있었기 때문이다.

누구에게나 문제는 있고, 고민도 있다. 해결할 수 있는가, 없는가는 자신에게 달려 있다. 걱정도 문제도, 똑바로 쳐다보면서 웃을 수 있는 용기를 가지자.

제3 장

뇌섹남의 특별한 하루

01

특출하지 않기 때문에 특출할 수 있다

"양현석이 '서태지와 아이들'의 멤버였나요?"

강연을 하고 나오는데 젊은 학생이 이렇게 물었다. 순간 당황했다. 시대의 아이콘이었던 서태지와 아이들의 팬이라면 누구나 양현석을 알 것이라고 생각했다. 하지만 곧 '모를 수도 있겠다'는 생각이 들었다. 서태지가 아닌 '아이들'은 기억나지 않을 수도 있겠다고 생각했다.

90년대 초 최고의 그룹이었던 서태지와 아이들. 당시 10대와 20대의 열광적인 지지를 받은 아이돌의 시초다. 서태지는 어린 나이임에도 불구하고 사회적 이슈를 가사로 담으면서 문화 대통령이라고 불렸다.

한국 대중음악을 서태지 이전과 이후로 나눌 정도로 그의 영향력이 컸다. 그들은 가요시장에 10대를 주 고객층으로 끌어들였다. 'come back home'이라는 노래를 듣고 가출 청소년들이 집으로 돌아갔다는 이야기도 있었다. 서태지를 연구한 서적만 50여 권에 있으니 얼마나 대단했겠는가!

양현석은 서태지와 아이들의 멤버였고, 1996년 1월 '서태지와 아이들'에서 가수 활동을 하다가 은퇴 후, 사업가로 변신했다. 현재 그는 YG엔터테인먼트 대표이자 사업가다. YG엔터테인먼트는 SM엔터테인먼트와 함께 쌍벽을 이루고 있으며 연예인 지망생이라면 누구나 동경하는 회사다.

지금은 양현석의 이름을 모르는 사람이 없다. 당시 '아이들'이었던 양현석은 가수 활동 이후 사업가로서 더욱 큰 성공을 거두었다. 그런 양현석은 스타 CEO로서 특출함을 보여준다.

사람들은 살면서 특출난 사람들을 부러워한다. '당신은 특출난 사람입니까?'라고 물으면 대부분 평범하다고 답한다. 하지만 사람들은 재능이든 환경이든 뭔가 '특출한 하나'가 있길 원한다.

그러나 큰 성공을 이룬 사람들, 뭔가를 성취한 사람들조차도 처음부터 대단하지는 않았다. '서태지와 아이들' 출신의 스타 CEO 양현석도 처음부터 사업가로 특출한 것은 아니었다. 그가 사업가로서 성공한 것도 예전의 서태지와 아이들 시절 '아이들'이었던 경험 덕분이다.

이 책을 보고 있는 당신도 삶이 특출하길 원할 것이다. 우리 모두는 가능성과 잠재력을 품고 산다. 그것이 지금의 '평범한 내'가 미래의 '특별한 내'가 되는 토대가 되어준다.

나는 아침에 일어날 때마다 나에게 질문을 던진다. 아침부터 특별한 삶을 살고 싶은 내 욕망 때문이다. 내겐 하루하루의 삶도 특별해야 한다.

다음은 잠에서 깨어날 때마다 던지는 질문이다.

"특출한 사람들은 무엇이 다르지?"

"오늘 나를 가슴 뛰게 하는 일은 뭘까?"

"앞으로 내가 원하는 삶을 살려면 오늘 하루 무엇을 하며 어떻게 보내야 할까?"

일어나기 힘든 상황에서도 정신이 번쩍 든다. 한 번씩 소리 내어 말하기도 한다. 뇌에 자극을 주기 위해서다. 그러면 질문을 받아들이는 뇌는 신선한 자극을 받게 된다. 아침부터 신선한 자극을 받은 뇌는 하루를 소중하게 여기고, 바쁜 일상에서도 내가 어떤 방향으로 나아가야 하는지를 알려준다.

당신은 꿈을 이루기 위해 노력을 하고 있다. 꿈이 없다면 이 책도 사지 않았을 것이다. 이 책을 읽는 지금의 모습과 현재의 노력이 앞으로의 당신을 특출하게 만들어줄 것이다. 평범한 삶에서 당신이 꿈꾸는 욕망을 이루면서 살기를 바란다.

02

하루에 1%는 꿈에 투자하라

지금 요란하게 울리고 있는 휴대전화는 받아야 한다. 출근 후에 상사가 시키는 업무도 처리해야 한다. 오후에는 추진 중인 프로젝트 회의에도 들어가야 한다. 같이 일하는 동료는 고민이 있다면서 커피를 한 잔 하자고 한다. 그러는 사이 컴퓨터에는 여기저기서 자료를 요청하는 이메일들이 쌓인다.

이런 현실 속에서 우리는 대개 이렇게 말한다.

"시간이 없어요."

직장인들이 가장 많이 쓰는 말일 것이다.

우리는 시간이 부족하다면서도 알뜰하게 사용하지 못하는 경우가 많다. 시간이 없어서, 너무 바빠서, 경제적 여유가 없어서 못한다는 이야기를 많이 듣는다. 하지만 시간을 짜임새 있게 쓰는 사람은 시간이 부족하다는 말은 하지 않는다.

한국 최초로 부자학을 대학에서 공식과목으로 개설한 한동철 교수는 자신의 책에서 이렇게 말한다.

"부자들은 하루 24시간 중 눈을 뜨고 있는 17시간 정도를 부자가 되겠다는 '부자의 관점'에서 생활한다. 하지만 보통 사람들은 1시간 정도만 그렇게 한다."

그들이 부자가 될 수밖에 없는 이유다. 아무것도 하지 않으면 아무것도 바뀌지 않는다. 사회가 빠른 속도로 진화하기 때문에 변하지 않는다는 것은 퇴보를 의미한다.

당신의 하루 생활을 뒤돌아보라. 그 속에 쓸데없이 보내는 시간은 없는가? 재미도 없는 텔레비전 프로그램을 보거나 하는 일도 없이 그냥 멍하게 있는 시간이 있지 않은가? 지하철이나 버스에서 그냥 무의미하게 다른 사람들의 모습을 쳐다만 보고 있지는 않은가? 시간은 주어지는 것이 아니다. 만들어내는 것이다. 이렇게 생각하는 순간, 시간은 모두에게 평등하다는 생각은 깨진다.

나도 예전에는 '시간이 없다'는 불평을 달고 살았다. 전부터 책을 쓰고 싶었지만 매번 시간이 없다며 미뤄왔다. 어느 날 '시간이 날 때

책을 쓰겠다고 미루면 결국 책을 못 내게 될지 모른다'는 생각이 뇌리를 스쳤다. 바쁠 때야말로 책을 쓸 수 있는 때라는 것을 깨달았다. 바쁘기 때문에 쓸 수 없는 것이 아니라 바쁘기 때문에 쓰고 싶은 내용이나 경험이 많다는 것을 알았다. 그때부터 자투리 시간을 활용하기 시작했다.

아무리 바빠도 하루 1%는 나를 위해 투자한다. 5년, 10년 후의 나를 위해서라도 말이다. 하루 24시간 중 1%는 15분이다. 하루 1%의 시간, 15분은 충분히 만들 수 있다. 핵심은 5분, 10분이라도 시간을 만들 의지가 당신에게 있는지 여부다. 겨우 15분이라고 생각할 수도 있다. 하지만 하루 1%, 15분의 위력은 대단하다.

15분(하루 1%)×365일=90시간

15분만 활용해도 1년이면 90시간이 된다. 우선 1%의 시간을 만들기 위해서 아침에 자투리 시간을 확보하라. 그렇게 하려면 먼저 하루를 일찍 시작해야 한다. 아침은 머리가 가장 맑은 시간이다. 실제로 아침 15분을 적극적으로 활용해보면 어느 시간대보다 능률이 오르는 것을 경험할 수 있다. 머리가 가장 맑은 아침에 15분이라는 제한 시간 동안 집중한다면 참으로 많은 것을 이룰 수 있다. 나는 아침

15분은 매일 책을 쓰거나 읽는다. 한 문장이라도 쓰거나 읽고 시작하는 하루는 그렇지 않은 하루와는 분명 다르다.

아침 자투리 시간에 할 수 있는 몇 가지를 생각나는 대로 나열해보면 다음과 같다.

- 아침 산책하기
- 명상
- 스트레칭
- 신문 읽기
- 블로그 하기
- 일기 쓰기
- 하루 계획 세우기

15분이기 때문에 오히려 집중할 수 있다. 짧다고 생각할 수도 있지만 시간이 지나면 바위에 구멍을 낼 수도 있는 15분이다. 그런 자투리 시간에 집중력을 발휘하기 위해서는 준비 과정도 단순해야 한다. 느닷없이 본론으로 들어가는 것도 좋다. 머뭇거림이나 서론 없이 바로 본론으로 들어가 가속페달을 힘껏 밟아야 한다.

하루 1%, 15분을 어떻게 활용하는가에 따라 일상의 자기 만족감도 달라진다. 매일 아침 운동을 해서 건강해졌다거나 매일 아침 독서를 해서 실력이 늘었다고 스스로를 칭찬할 것이다. 아침 자투리 시간을 알차게 사용했다는 뿌듯함도 쌓이고 시간을 알차게 활용했다는 자신감도 생기게 된다.

사람마다 출근 준비에 들이는 시간과 노력도 각기 다르다. 출근 준비를 하면서도 시간을 최대한 확보한다. '옷 차려입기 10분'이라고 정해서 그 시간 내에 옷을 입고 준비를 한다. 옷을 고르고 준비하는 시간을 단축할수록 시간이 절약되는 셈이다.

당신이 이동하는 시간은 자투리 시간이 가장 생기기 쉬운 상황이다. 지하철을 기다리거나 목적지로 이동하는 동안에 대부분 15분의 자투리 시간이 생긴다. 이런 자투리 시간을 활용하면 다양한 일을 처리할 수 있다. 이메일도 확인하고 서류도 훑어볼 수 있으며 평소 읽던 책에서 감명받았던 부분을 다시 찾아볼 수도 있다.

나는 이동 시간에 생기는 15분 동안 프레젠테이션을 연습하거나 영어 공부를 한다. 아니면 TED를 듣는다. 영어 능력뿐만 아니라 다양한 아이디어도 얻을 수 있다. 출장이나 여행을 갈 때, 기차를 타고 가는 시간을 유용하게 활용하라. 기차는 '달리는 서재'다. 2시간 정도면 책 한 권은 읽을 수 있다.

필요하다면 자투리 시간을 돈으로 살 수도 있다. 일이 많아 바쁠 때에는 택시를 이용해 자투리 시간을 통으로 사는 방법도 있다. 택시 안에서 노트북으로 간단한 일을 처리할 수 있고, 필요한 자료도 볼 수 있어 시간을 유용하게 활용할 수 있다.

그리고 가끔은 하루를 통째로 자투리 시간으로 만들어라. 아무래도 회사에서 늦게까지 일을 하다 보니 자투리 시간을 활용해도 내 꿈이 우선순위에서 밀릴 때가 많다. 그래서 미리 원고 쓰는 날을 정해둔다. 그렇지 않으면 다른 일정이 계속 치고 들어와서 원고 작업이 늦어지기 때문이다. '오늘은 원고 쓰는 날'이라는 식으로 하루를 통째로 비워두고 내 꿈을 위해 집중해보자.

비즈니스를 할 때도 자투리 시간을 활용할 수 있다. 일에서도 자기 홍보는 필수다. 남들보다 짧은 시간을 활용하는 지혜도 필요하다. 엘리베이터 피치라는 게 있다. 비즈니스 파트너와 만날 때 엘리베이터에서 제품이나 회사, 자신에 대한 홍보를 60초 정도에 간결하게 하는 것을 말한다.

시간을 효율적으로 사용한다는 것이 수면 시간이나 휴식 시간을 줄이는 것을 의미하지 않는다. 한정된 시간에 생산성을 높이는 방법을 찾아야 한다. 우선 자투리 시간을 활용해보자. 그렇게 하면 시간이 두세 배로 확장되는 효과를 볼 수 있을 것이다. 자투리 시간을 활용해 지속적으로 자기계발을 한다면 당신이 바라는 곳에 좀 더 가까이 다가설 수 있게 된다.

헨리 해도는 시간을 잘 활용한다는 것은 결국 자투리 시간의 활용이라는 것을 이렇게 표현했다.

"시간을 잘 활용하는 진짜 비결은 시간을 마치 가죽 트렁크에 챙겨 넣듯, 조그만 틈새마다 조그만 것들을 끼워 넣어 채우는 것이다."

이런 자투리 시간을 활용하는 사람과 그렇지 못한 사람과는 당장은 아니더라도 장기적으로 보면 큰 차이가 나게 된다. 성과를 결정하는 것은 시간의 양이 아니라 주어진 시간을 사용하는 능력에 달려 있다. 꾸준히 계속하면 당신의 인생은 반드시 바뀐다. 순간순간의 시간을 미루면 인생마저 미루게 된다.

하루 1%라도 당신의 꿈과 관련된 일을 하라. 당신의 목표와 꿈에 대한 생각의 끈을 놓지 마라. 하루 1%의 시간이라도 생각의 끈을 놓지 않으면 많은 것이 변하기 시작한다. 만나는 사람이 달라지고, 가는 장소도 바뀌고, 하는 말도 변하게 된다.

삶의 성공과 실패를 결정짓는 잣대는 다음 3마디를 얼마나 자주 이야기하는가에 있다.

"난 시간이 없어요!"

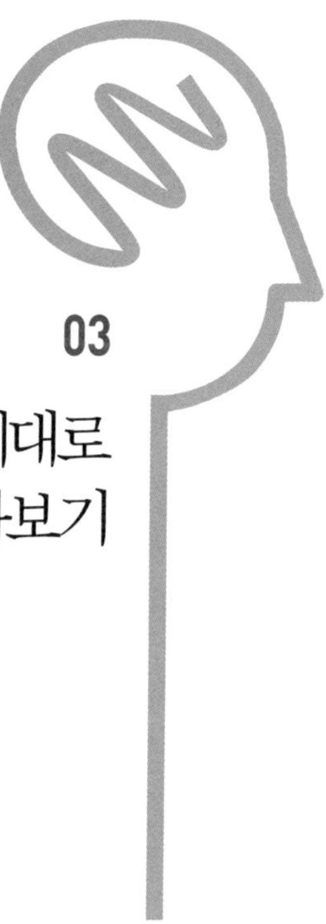

03

내 감정 제대로 바라보기

"당신은 실력을 제대로 발휘하고 있나요?"

많은 사람들이 자신의 실력을 제대로 발휘하지 못하고 있다. 또한 실력을 발휘하지 못하는 자신에게 실망한다.

실력을 발휘하지 못하는 이유는 대부분 감정을 조절하지 못하기 때문이다. 실력이 좋아도 감정을 조절하지 못하는 사람은 어떤 조직에서건 성공하기 힘들다.

감정 조절은 왜 힘들까? 대부분은 스트레스 때문이다. 당신도 모르게 누적된 스트레스가 마음의 여유를 없애고 감정마저 조절하기 어렵게 만든다.

어느 순간 회사에서 짜증을 내고 불만을 토로하는 사람으로 변한 자신을 보게 된다. 이것이 계속 이어지다 보면 감정에 휘둘리는 것도 습관이 된다.

박용철은《감정은 습관이다》라는 책에서 감정에 대해 이렇게 표현하고 있다.

"뇌가 유쾌하고 행복한 감정이라고 더 좋아하는 것은 아니다. 유쾌한 감정이건 불쾌한 감정이건 익숙한 감정을 선호한다. 불안하고 불쾌한 감정일지라도 그것이 익숙하다면 뇌는 그것을 느낄 때 안심한다."

그렇다. 뇌는 익숙한 감정을 선호할 뿐 유쾌한지 불쾌한지는 따지지 않는다. 불쾌한 감정에 익숙해지면 불쾌한 감정만 선택하게 된다. 그렇게 지속되다 보면 감정이 상해 상처를 입는 경우가 허다하다. 그렇다고 그런 감정을 그대로 놔둘 수는 없다. 우리는 행복하기 위해 사는 것이 아닌가.

우리에게 문제가 있는 건 사실이다. 하지만 우리 자체가 문제는 아니다. 사람들은 종종 문제가 나 자신이라고 믿곤 한다. 이는 잘못된 생각이며, 상처를 입기 쉬운 방법이다.

이런 문제를 속 시원히 해결해줄 수 있는 마술이라도 있을까? 혹시 당신이 그런 문제로 어려움을 겪고 있다면 감정을 들여다보기 바란다.

누가 봐도 화가 났는데 부정하는 경우도 많다. 얼굴이 싯벌게졌는데도 화난 게 아니라고 말한다. 얼굴에는 화가 난 게 표가 다 나는데 머리에서는 아니라고 말하는 것은 몸과 마음이 따로 노는 격이다.

흔히 사람은 감정의 동물이라고 한다. 좋은 일에는 기뻐하고, 좋지 않은 일이 있으면 마음이 상하고, 슬픈 일에는 슬퍼하는 것이 인지상정이다. 그런 감정을 느끼고 바라보는 것은 정말 중요하다. 그런 다음 긍정적인 감정도 부정적인 감정도 모두 인정하고 받아줘야 한다. 내 감정을 제대로 알아야 다스릴 수 있는 것이다. 바라보고 느껴야만 통제할 수 있다.

우리를 힘들게 만드는 감정이 생기지 않을 수는 없다. 하지만 감정을 똑바로 바라볼 수 있게 되면 부정적이고 두려운 감정에서 자유로워질 수 있다. 나를 괴롭히는 건 힘든 상황이 아니라 힘든 상황에 대한 '내 생각'인 것을 깨닫게 될 것이다.

몇 년 전, 나와 정말 맞지 않는다는 직장상사와 일을 같이 하게 되었다. 그분은 내가 프로젝트 진행사항을 보고할 때마다 부정적이고 짜증이 난 말투로 이야기했다. 그럴 때마다 나도 적지 않은 스트레스를 받았고 보고하기 전부터 걱정이 되었다.

그러다 문득 '내가 지금 무슨 생각을 하고 있지?'라는 생각이 들었다. 나는 보고 전부터 걱정하고, 아직 일어나지도 않은 일에 스트레스는 받고 있었다. 내가 지금 느끼는 감정이 사실인지를 생각해보니 그런 것도 아니었다. 내가 만들어낸 생각에 집착하고 있었다. 사실 그분이 내가 만든 보고서에 부정적이거나 짜증난 의견을 내는 것을 나와 생각이 다르다는 것을 표현한 것뿐이다. 내가 나에게 스트레스를 주고 있었고, 마음속에서 걱정을 만들어내고 있다는 것을 깨달았다. 그 감정에 빠져들어 불행을 만들고 있다는 사실을 알았다.

이후 그분에게 보고를 할 때마다 다른 의견을 주는 것에 감사함을 표현하고 내 감정을 똑바로 바라보았다. 부정적인 감정이 내 마음을 휘두르지 않도록 하기 위해서였다. 곧 상사와의 관계도 눈에 띄게 좋아졌고 고민이 있으면 조언을 구할 수 있는 사이로 발전했다.

이렇게 감정을 바라보는 것만으로도 감정을 다스릴 수 있다. 나를 힘들게 만드는 것은 '내 생각'임을 인식했기 때문이다. 해결책은 나를 힘들게 하는 생각을 하지 않거나 생각이 일어났던 감정을 바라보는 것이다.

현실을 있는 그대로 받아들이지 않고, '내가 만들어낸 생각' 때문에 힘든 경우도 있다. 언젠가 친구 집을 방문해 커피를 한 잔 마셨다. 친구는 커피 한 잔 달라는 부탁에 커피에 설탕을 듬뿍 넣어서 줬다. 커피를 한 모금 마시던 나는 짜증난 말투로 이렇게 말했다.

"맛이 왜 이래? 너 아직도 내가 블랙으로 마시는 거 몰라?"

커피까지 타줬는데 자기 취향도 못 맞춰준다는 말에 친구가 더 당황한다. 순간 내 잘못을 깨닫고 사과하고 상황은 마무리됐다.

내가 하는 생각이 문제였다. 나는 친구가 '내 커피 취향을 당연히 알고 있어야 한다'고 생각했다. '나한테 이렇게 커피를 줘야 한다'라는 생각이 문제였다. 내가 순간 짜증이 난 건 그 친구가 커피를 준 행동이 아니다. 내가 이미 '정의한 생각' 때문이었다.

결국 나는 내 생각에 짜증을 낸 것이다. 내가 나한테 내어야 하는 짜증인데 친구가 당했으니 당황할 수밖에 없는 일이다. 그 친구는 기분 좋게 나에게 커피를 주고 있는데 말이다.

상황을 있는 그대로 받아들이지 않고 내가 이미 '이럴 것'이라고 정의하고 받아들이는 생각이 문제다. 우리 주위에는 어떤 일이든 일어난다. 일어난 상황을 있는 그대로 받아들이지 않을 때, 우리의 감정이 현실과 맞서게 되는 것이다. 나의 생각을 현실과 반대로 해석한 후, 현실을 나무라기 시작한다.

알고 보면 우리는 사람이나 상황이 아니라 생각이나 고정관념에 집착하는 것이다. 우리가 상황에 대해 임의로 만든 생각 때문에 힘들어하는 셈이다. 감정을 정면으로 바라보는 것이 우리의 생각을 이해하고 풀어주는 방법이다.

감정을 들여다보면 자신에 대한 믿음 부족, 미래에 대한 불안, 인정받지 못할 거라는 두려움 등을 직면하게 될 것이다. 이렇게 지금 당신이 당면한 문제라는 것은 이런 마음의 씨앗이 자라난 것뿐이다.

상황에 대해 이미 정의한 생각이 우리를 힘들게 하고 그 생각이 괴로움을 만든다. 한 번씩 생각에 물음표를 붙여보자. 우리를 방해하는 것은 현실과 맞서는 우리의 생각뿐이라는 사실을 기억하자. 그 생각이 괴로움도, 짜증도 만드는 것이다. 생각이 현실과 맞서기를 멈출 때 일상도 감정도 더 행복해진다는 것을 믿어라.

그렇다! 감정을 다스리는 파워 스위치는 자신이 가지고 있다.

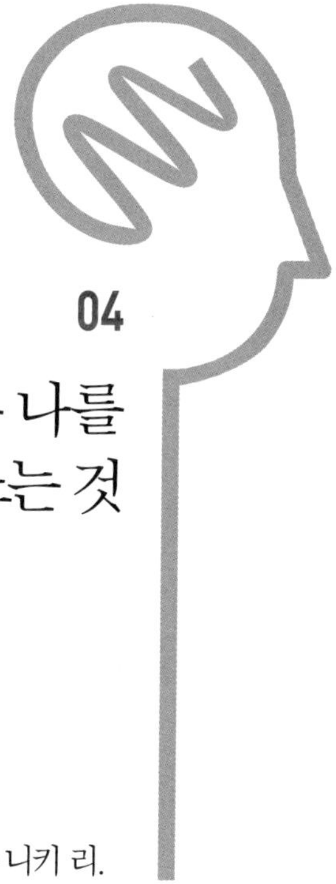

04

삶은 나를 가지고 노는 것

백남준 이래 세계적 아티스트라는 극찬을 받은 니키 리.

그녀는 한국에서 사진을 전공한 뒤 미국으로 건너갔다. 세계 미술계의 메카 뉴욕 화단에서 백남준 이래 한국이 낳은 최고의 시각예술가라고 불릴 만큼 멋진 작품을 만들어내고 있다.

그녀의 작품은 한 여성을 중심으로 찍은 인물 사진이 대부분이다. 교복을 얌전하게 차려입고 패스트푸드점에서 수다를 떠는 여고생, 흑인 힙합 걸, 스트립 바에서 춤추는 반라의 무희들 모습도 있다. 전형적인 레즈비언으로 보이는 여성 동성애자의 사진도 있으며, 월스트리트에서 볼 수 있는 정장 차림의 전형적인 투자자의 모습도 보인다.

놀랍게도 이 모든 작품들에 등장하는 인물은 작가인 니키 리 자신이었다. 다른 사람들을 찍은 것이 아니라 작가 자신의 모습을 끊임없이 바꿔가며 찍은 창작물이다. 그녀의 작품 사진을 보면 일상의 사진보다 못하다는 생각도 든다. 때로는 예술 작품인지 아닌지 헷갈릴 정도로 전문성이 떨어져 보이는 사진도 있다.

하지만 그 사진들의 탄생은 사진 이상의 흥미로움을 던져준다. 그녀는 유행을 따르지 않고 자신만의 이야기를 한다. 미술시장에서 호평을 받고 잘 팔릴 만한 소재나 기법을 따라하지 않는다. 자신의 생활에서 매일 축적된 스토리가 분출되는 작품을 만들어내는 것이다. 작품을 통해 과감하면서도 치열한 장난스러움의 대상으로 자신을 표현한다.

니키 리의 최대 관심사는 그냥 자기 자신인 것이다. 자신이 재미있고 행복하게 사는 것이다. 그래서 니키 리의 작품을 보는 사람들이 열광하고 행복해지는 것이다.

사람들은 두 부류로 나눌 수 있다. 무리 속에 있는 사람과 무리 밖에 있는 사람이 있다. 당신은 어느 쪽인가? 안정적인 무리에서 벗어나야 할 때가 있다. 나의 존재를 더 확고히 설정하기 위해서다.

오랫동안 조직에 몸담고 있으면 머리끝에서 발끝까지 같은 문화에 젖어 동질화된다. 이렇게 동질화가 되면 너와 내가 다르지 않게 된다. 많은 시간 회의를 해도 발전적인 아이디어가 나오지 않는 이유이기도 하다. 대기업이 갖는 조직의 약점도 여기에 있는 것이다.

백화점에서 영업팀장을 할 때의 일이다. 회사에서는 30대 젊은 나이에 큰 점포의 영업팀장으로 간 것만으로도 화제였다. '어린 나이에 어떻게 큰 점의 영업을 꾸려나갈 수 있을까?' 하는 우려의 이야기를 많이 했다. 당시 점장님도 어린 영업팀장이 탐탁지 않았는지 초기에는 냉소적인 반응이었다. 인사도 받아주지 않았다.

처음에는 마음도 불편하고 몸도 힘들었다. 하지만 곧 나만의 방식으로 신나게 하자고 생각했다. 어떤 일이든 재미있는 요소가 하나 정도는 들어 있다. 무슨 일을 하든지 재미를 발견하고 시작하든지 재미를 만들어 넣으면 된다.

나는 매일 해야 하는 일을 '게임'으로 생각했다. 매일 출근하는 사무실은 '게임방'이나 '놀이터'인 셈이다. 게임을 하다 보면 레벨 업은 무척 중요한 일이다. 그 단계에서 뭔가를 수행하고 배워야 다음 단계로 올라갈 수 있다. 또한 남들과 다른 아이템이나 콘텐츠도 있어야 한다. 똑같이 하면 똑같은 레벨 안에서 머물 수밖에 없다.

물론 쉽지 않았다. 게임을 하다 보면 '힘든' 게임도 있기 마련이다. 한번은 장마철에 모피행사를 기획했다. 모두들 반대했다. 시기가 맞지 않다는 이유 때문이었다.

모피 자체가 여름과 맞지도 않는데 더욱이 비 오는 날 모피가 팔리겠냐는 것이다. 부정적인 측면만 바라보면 할 수 있는 것도 못하게 된다. '할 거면 재밌게 해보자!'라는 생각으로 진행했다. 남들이 모피행사를 하지 않기 때문에 품질 좋은 상품들이 쌓여 있었고, 비수기라 가격도 정말 싸게 공급받았다. 단골 고객에게 가장 좋은 상품은 가장 싸게 살 수 있다고 먼저 알렸다. 결과는 대박이었다.

처음에는 직원들의 '안 된다'라는 생각이 가장 큰 걸림돌이었다. 하지만 직접 실천하면서 작은 결과를 하나하나 보여주었다. 이후에 호의적인 직원들이 한두 명씩 생기면서 더 큰 성과도 낼 수 있었다. 5개월 만에 온라인 매출도 5배나 끌어 올렸다. 그러자 점장님도 내 열정과 성과를 인정해주었다.

"자네의 열정적인 모습에 감동했네. 앞으로는 무조건 도와주겠네!"

점장님의 한 마디에 두 손에 힘이 들어갔다.

"점장님 제가 하는 방식을 한 번 믿어주시고 기회를 주세요!"

"알겠어. 난 자네를 믿네!"

그해 상반기 인사 평가를 받을 때였다. 나는 선배들보다 훨씬 좋은 평가를 받았다.

"점장님 제가 받은 평가는 부당합니다. 아직 제 목표의 절반도 하지 못했습니다. 다시 평가해주십시오."

인사고과를 깎아달라는 말에 점장님도 당황했다.

"허허, 이미 평가가 끝나서 수정할 수 없네."

자신의 평가는 자신만의 기준이 있어야 한다. 그래야 성장한다. 오늘의 나는 어제의 나보다 더 성장하고 진화한 모습이어야 한다. 타인에게 좋은 평가를 받는 것은 분명 기분 좋은 일이다. 그러나 하루를 마무리하면서 "오늘 넌 정말 잘했어"라고 스스로 돌아보면서 응원하고 칭찬할 수 있고, 또 그런 마음을 지속할 수 있다면 당신은 이미 행복한 자기성장을 하고 있는 사람이다.

탁월한 성과를 내는 사람들의 특징 중 하나는 자신을 다른 사람과 비교하지 않는 것이다. 그들에게 비교의 기준은 남의 시선이 아니라 자기 내면의 '진정한 나'다. 어제보다 나은 오늘을 살고 있는지를 끊임없이 비교할 뿐이다.

남과 끊임없이 비교하며 살아가는 것은 진정으로 자신을 사랑하는 태도도 아니며, 나를 다른 사람과 비교하는 것 자체가 남을 의식하는 행동이다. 하지만 다른 누군가는 당신의 생각에 신경 쓰지 않는다. 당신의 삶을 살아야 당신을 제대로 알아가게 된다. 다른 사람이 생각하는 내가 아니라, 내가 살고 싶은 내 모습으로 살아가는 것이다. 당신이 자신의 삶을 살아야 하는 이유다.

남들의 시선으로 살아간다는 것은 내 장점을 포기한다는 것이다. 성공한 사람들은 자신이 가장 잘하는 것에 에너지, 열정, 시간을 투자한다. 가장 좋은 성과, 큰 결실을 얻을 수 있기 때문이다.

자신만의 새로운 길을 가려는 사람은 예전의 길에서 벗어나야 한다. 벗어남은 미래를 준비함에 있어서 최고의 자산이 될 수 있다. 남들과 똑같다는 '평균'은 어떤 방식으로도 성공적인 미래에 필요한 최고 성과를 낼 수 없다. 다른 사람들과 똑같이 행동하고 다른 게 하나도 없다면 우리에게 아무 일도 일어나지 않는다.

엠제이 드마코는 《부의 추월차선》에서 이렇게 말했다.

"특별한 결과를 원한다면 특별한 생각을 해야 한다. 하지만 '특별함'은 사회의 굴레를 벗어나지 못하는 생각과 믿음을 가진 채로는 발견할 수 없다."

특별함은 일상에서 일어나지 않는다. 당신이 가진 능력의 특별함도 당신의 일상에서는 잘 보이지 않는다. 의문을 품고 질문을 던지고, 무엇인가를 모색하는 사람들이 내일을 위한 기회를 잡는다. 자신에게 예전의 길에서 벗어날 용기를 줘야 한다.

당신은 당신의 삶에서 오직 한 가지 성공만이 있다. 자신의 방식으로 삶을 살아가는 것이다. 자신의 방식으로 삶을 살지, 말지는 전적으로 자신에게 달려 있다. 나의 삶은 나 자신을 갖고 노는 것이기에.

05

현명한 포기

지인들과 저녁 모임이 있었다. 모임 장소가 특이했다. 보통은 고깃집에서 술과 고기를 동시에 팔지만 술은 팔지 않고 고기만 파는 곳이었다. 술은 개별적으로 준비해야 한다. 이유도 재미있다. 맛있는 고기를 제대로 서비스하기 위해서란다.

듣고 보니 맞는 말이었다. 고기를 먹다가 젓가락을 '툭' 떨어뜨렸는데 멀리서 직원이 다가와서 새 젓가락을 가져다준다. 다른 고깃집과는 분위기도 사뭇 달랐다.

회사가 밀집한 지역이라 직장인들이 간단하게 한 잔 하러 오는 장소인데 술을 팔지 않는 것은 단점일 수 있다. 하지만 사람들은 마시고 싶은 술을 눈치 보지 않고 가져오는 것을 편하게 느꼈다. 주위의 가게들이 술을 팔고 있을 때 술을 포기하고 고기와 손님들의 서비스에 더 집중했다. 그래서인지 장사도 정말 잘 된다고 한다.

이케아(IKEA)라는 브랜드를 알고 있을 것이다. 이케아는 1943년 스웨덴에서 설립된 가구 회사다. 전 세계적으로 강력한 브랜드 인지도를 가지고 있다. 멋진 디자인과 기능을 갖춘 다양한 제품을 많은 사람들이 사용할 수 있도록 합리적인 가격에 판매한다는 철학을 가지고 있다.

많은 가구회사들이 자신들의 이미지를 긍정적으로 끌어가면서 매출을 올리려고 노력한다. 하지만 이케아는 반대다. 그들은 배송도 안 해주고, 조립도 사는 사람이 직접 해야 한다. 대부분의 가구점에서 하는 서비스와는 철저히 반대다.

고객들이 당연하다고 생각하는 것을 하지 않는 것이다. 오죽하면 불편을 판다고 하겠는가? 그들은 다른 가구 회사들이 다 하는 것을 포기했다. 오히려 포기한 부분을 광고한다. 그러나 고객들은 이케아가 포기한 부분을 매력적으로 생각한다.

태양의 서커스도 비슷하다. 태양의 서커스는 쇠락하던 서커스 산업에서 연 매출 1조 원, 순이익 25%라는 기록을 만들어내고 있다. 놀라운 일이다.

태양의 서커스는 서커스라고 하면 생각나는 묘기들을 포기했다. 예전의 서커스는 공중그네와 줄타기, 호랑이나 코끼리와 같은 동물 묘기가 대부분이었다. 태양의 서커스는 곡예사와 동물 묘기를 포기했던 것이다. 대신에 음악과 무용으로 예술성과 아름다움으로 서커스를 담아냈다. 사람들은 태양의 서커스에 열광했다. 포기가 쇠락하던 서커스를 살린 것이다.

일상으로 돌아와 보자. 일어나자마자 휴대전화를 본다. 문자와 이메일, SNS 메시지 등을 확인한다. 사무실에 도착하자마자 회의 일정과 이메일들을 확인한다. 아직 일과를 시작도 안 했는데 정신을 차릴 수 없을 정도로 바쁘다. 일을 하면서도 계속 울리는 휴대전화를 쉬지 않고 확인한다. 이것저것 챙기다 보면 무엇 하나 제대로 한 것 없이 지나갈 때가 비일비재하다.

모든 것을 할 수는 없다. 정말 중요한 것을 하려면 하지 말아야 할 것을 결정해야 한다. 현명한 포기를 해야 한다는 것이다. 술을 팔지 않는 고깃집, 불편을 팔고 있는 이케아, 곡예사와 동물묘기를 포기한 태양의 서커스. 알고 보면 그들도 당연한 것을 포기한 후 더 큰 경쟁력을 얻었다.

우리의 일상도 일도 마찬가지다. 경쟁력을 위해 모든 것을 할 필요는 없다. 원하는 것이 있다면 원하지 않는 것부터 버리면 된다. 새로운 것을 얻으려면 과감히 낡은 것을 버릴 줄도 알아야 한다. 더 이상 사용하지 않는 물건을 버려야 새로운 물건이 들어갈 공간이 생긴다. 포기도 중요한 전략이다.

극심한 국제경쟁 시대. 같은 일의 반복은 금물이다. 이제는 지나간 생각도 버려야 한다. 매번 다른 생각과 새로운 발상을 하지 않으면 절대로 성공할 수 없다. 더 중요한 일, 더 가치 있는 일에 집중하기 위해서는 적절할 때 단념할 줄 알아야 한다. 현명한 포기는 현명한 선택만큼이나 중요한다.

06

당신만의 콘셉트가 있는가?

매일 출근해서 하루의 대부분을 보내야 하는 직장에서 '민폐', '신뢰하지 못하는 사람' 같은 소리를 들으며 일하고 싶은 사람은 아마 없을 것이다. '역시 훌륭해', '정말 믿음직해'라는 소리를 듣고 싶을 것이다.

가전제품을 판매하는 삼성디지털플라자 매장의 점장 이야기를 들을 기회가 있었다. 그는 판매를 잘한다고 소문난 점장이었다.

"고객에게 상품을 파는 것은 쉽지 않습니다. 물론 본사에서 내려오는 상품 소개서도 꼼꼼히 읽어보죠. 하지만 그것만으로 뭔가가 부족했습니다."

뭔가 특별한 비법이 있는 것 같아 귀를 기울였다.

"점장님, 그럼 다른 특별한 비결이라도 있나요?"

그의 말이 흥미로웠다.

"어떻게 팔아야 할지 답답할 때, 상품 앞에 서서 상품에게 말을 걸어봅니다. 그렇게 한동안 말을 걸다보면 어떻게 팔라고 상품이 말을 해줍니다."

상품이 어떻게 팔라고 말을 해준다니 무슨 뜻인지 궁금했다. 그는 '내가 상품이라면 이렇게 디스플레이 되는 것은 불편할 것 같다', '내가 상품이라면 내가 가진 장점 하나만 이야기하겠다' 이런 말들을 듣는다고 한다.

그렇다. 팔려고 하는 상품의 입장에서 생각하는 것이다. 상품 하나 하나에 마음을 담아 판매한 것이다. 그 점장은 자기가 하고 싶은 말을 하는 것이 아니라 상품이 하고 싶은 이야기를 경청하고 고객에게 전달하는 것이다. 고객들이 듣고 싶은 이야기를 상품에게 들은 것이다. 판매에 대한 그만의 특별한 콘셉트가 있는 것이다.

당신의 일에도 콘셉트가 필요하다. 콘셉트란 방향성을 말한다. 누구나 삶을 어떻게 살고 싶다는 큰 그림을 가지고 있다. 큰 그림을 그리는 것이 콘셉트다. 그 방향성이 일에도 그대로 녹아 있는가?

스마트한 시대에 스마트한 콘셉트로 일하는 방법을 말해주는 사람이 있다. 그는 공대를 졸업하고 12년간 웹 개발자와 엔지니어로 활동했다. 사람이 좋아서 국내 대기업 기업 문화팀 차장으로 자리를 옮겼다. 외국 공항에서 만난 아저씨가 그림을 그리고 있던 모습에 반해 마흔이 넘어 그림을 그리기 시작했다. 학원 다닐 시간이 없어서 매일 1시간 일찍 출근해서 그림을 그리기 시작했다. 그러다 보니 회사에 그림 동아리도 만들게 되었다. 그림을 보다 많은 사람들과 공유하기 위해 매일 SNS에 올렸더니 출판사에서 책으로 내고 싶다고 연락이 왔다. 지금은 J비주얼스쿨 대표로 있는 정진호 씨의 이야기다.

행복하게 일한다는 그는 이렇게 말한다.

"행복하신가요? 행복해지고 싶으시다면 행복해지는 일을 하세요. 바쁘다는 핑계는 어리석은 변명입니다."

프랑스 시인이자 사상가인 폴 발레리는 용기를 내어서 당신이 생각하는 대로 살지 않으면 머지않아 당신이 사는 대로 생각하게 될 것이라고 말했다. 당신이 살고자 하는 방향이 아니면 당신을 위한 고민을 해볼 필요가 있다. 누구도 그 역할을 대신해주지 않기 때문이다.

나는 대학을 졸업하고 대기업에서 15년을 넘게 일했다. 처음에 무작정 일만 한 것 같다. 인정을 받으니 더욱 일에만 묻혀 살게 되었다. 그러다가 잊고 살았던 욕망들이 꿈틀거리기 시작했다. 내 삶의 방향에 대해 고민을 하게 되었던 것이다.

'나는 왜 이 일을 하는가?'

'나는 왜 꿈을 꾸어야 하는가?'

고등학교 때 방황하던 아픈 기억이 있다. 그때 그렇게 했더라면 하는 생각에 마음이 힘들었다. 그래서 '그 시절'로 되돌아가 보기로 했다. 문득 과거의 나에게 미안한 생각이 들었다. 그 시절의 나에게 말을 걸어본다.

'미안해, 나를 용서해줄래? 너를 이해하지 못했구나!'

그렇게 과거의 내게 현재의 내가 용서를 구하고, 그 시절의 나를 사랑하기 시작했다.

나를 용서할 수 있는 사람은 나뿐이다. 지나간 삶을 산 나에게, 보답하고 용서를 구하는 방법. 그렇게 해서 미래의 나에게 해주는 가장 아름다운 선물은 '현재의 나와 아름다운 경쟁'을 하는 것이다. 현재의 나와 아름다운 경쟁. 이것은 '나는 왜 일하고, 나는 왜 꿈을 꾸어야 하는가?'에 대한 답이었다.

현재라는 시간은 그것을 실천할 수 있는 가장 적절한 타이밍이다. 현재의 나와 아름다운 경쟁을 한다는 것은 내 삶의 순간순간을 즐기고 경험하겠다는 내 삶의 콘셉트인 것이다.

책을 쓰면 내 경험으로 다른 사람들을 도울 수 있다고 생각했다. 내 삶의 콘셉트가 명확하게 와닿았기 때문에 가능한 일이었다. 회사

일에도 더 몰입하게 되었다. 그렇게 일하다 보니 하는 일을 사랑하게 되었다. 하는 일을 사랑하게 되니 결국 사랑하는 일을 하게 된다는 것이다.

시대는 점점 더 빠른 업무 속도와 밀도 있는 일을 요구할 것이다. '9시부터 6시까지' 그저 자리만 묵묵히 지키면서 주어진 일만 한다면 성과가 날 수 없다. 이제는 나와 회사를 위해 어떻게 일하는가에 대한 뚜렷한 콘셉트를 가져야 한다.

성과가 나지 않는데도 노력하는 사람이 있다. 이런 상황에 익숙해지면 종종 자신의 노동시간과 노력에만 신경 쓰게 된다. 바쁘게 일하지만 성과에는 관심이 없어진다. 자기의 일에 '최선을 다하는' 것처럼 보여도 실제로는 '시간을 낭비하는' 사람일 뿐이다.

희망적인 사실은 성과를 내는 것도 습관이라는 것이다. 심리학과 성공학 분야의 가장 중요한 발견은 당신이 생각하고 느끼고 행동하고 성취하는 모든 것의 95%가 습관의 결과라는 사실이다. 대부분의 상황에서 습관처럼 행동하고 일을 해왔다. 연습과 반복을 통해 학습할 수 있다는 것이다. 의지와 희망을 가지자. 바람과 실천을 통해 자신이 원하는 방식으로 개성도 만들고 성과도 창출할 수 있다.

일을 주어진 대로 받아들이지 말고 당신만의 콘셉트로 리드하기 바란다.

07

나력으로
문제를 해결하라

세상은 문제의 연속이다. 가만히 있어도 해결해야 하는 문제가 생긴다. 이미 벌어진 일을 해결하거나 보이지는 않지만 어떻게 살아야 하는지를 고민하는 등 누구에게나 문제는 있다. 아무것도 하지 않는다고 아무 일도 일어나지 않는 것은 아니다.

대기업에 다니다 갑작스레 퇴사하는 분들이 많다. 대기업에서 일하는 것이 쉽지 않지만 대기업 자체가 온실인 것도 사실이다. 회사를 그만둔다는 것은 대기업이라는 온실에서 나와 추위와 낯선 환경에 홀로 부딪혀야 하는 것을 의미한다.

국내 굴지의 대기업에 다니던 K 상무님. 회사에서는 잘나가는 임원이었다. 그러다 실적 때문에 갑작스럽게 퇴직했다. 준비도 없이 세상에 던져진 것이다. 퇴사 후 그동안 모아온 돈으로 작은 사업을 시작했다. 회사에서 인정받았던 그였기에 다니던 회사에 납품을 할 수 있는 사업을 하게 된 것이다.

하지만 밖은 '온실 속'에 있을 때와는 사뭇 달랐다. 모든 것을 다니던 회사에 의지하다 보니 사업은 점점 기울었다. 모든 것이 온실 속처럼 계획대로 진행되지 않았던 것이다. 지금도 그는 힘든 상황을 보내고 있다.

세상이 이렇다 보니 내가 가진 나다움의 힘, '나력'이야말로 문제를 해결하는 가장 확실한 방법이라는 생각이 든다. '나력'은 누구의 도움 없이 혼자 설 수 있는 힘이다. 혼자서도 세상을 살 수 있는 자기 고유의 힘인 '나력'이 필요한 시대다.

윤석철 한양대 석좌교수는 정년퇴임 강연에서 '잎이 지고도 늠름한 둥치와 굳건한 가지를 가진 나무처럼 기업과 개인도 외부에 기대지 말고 자기 고유의 힘을 길러야 한다'고 말했다.

자기 고유의 힘인 나력이란 '나답게' 사는 것을 말한다. 나다움의 힘으로 산다는 것이다. 누구나 단점은 있다. 그러나 많은 단점을 가진 나를 더 진화시키기 위해서는 나다움을 인정해야 한다.

나다움이란 비상식적인 것이 아니라 남들과 다른 생각을 가졌다는 것, 불완전한 것이 아니라 완전하지 않다는 것, 흠이 있는 것이 아니라 '채울 구석'이 있다는 것, 실수를 하는 것이 아니라 경험을 하나씩 쌓는다는 것이다.

나다움을 잃으면 비상식적이고, 불완전하고, 흠이 있고, 실수만 하는 사람일 것이다. 하지만 나다움을 당당하게 가지고 있기에 특별한 생각으로 완전함을 위해 노력하고, 하나라도 더 채울 구석이 있으며, 남보다 경험을 더 쌓아가는 사람이 될 수 있다. 사람이 성장할 수 있는 이유기도 하다.

롯데백화점에서 삼성전자로 회사를 옮길 때 동료뿐만 아니라 직장 상사도 다들 반대했다. 지금도 회사에서 인정받고 있는데 왜 옮기냐고 물었다. 10년을 넘게 근무했기 때문에 변화를 주는 것 자체가 쉽지 않은 선택이었다.

하지만 안정적이고 인정받고 있었기에 변화를 주고 싶었다. 나를 다른 환경으로 이끌고, 주도적으로 해쳐나갈 수 있는 힘을 가지는 것이 한 직장에서 오래 안정적인 것보다 훨씬 의미 있기 때문이다. 팀 동료들에게도 '변화'에 대해 누구보다 자주 이야기했고, 실천의 중요성에 대해 강조했다. 나는 내가 한 말을 실천했을 뿐이다.

회사를 옮기고 나니 주위 환경이 그리 녹록치는 않았다. 두 회사 모두 대기업이지만 유통회사에서 제조회사로 옮기고 나니 새로운 것이 한두 가지가 아니었다. 환경이 바뀌니 예상치도 못한 문제도 많았고 실수도 많았다. 하지만 뭐든 판단하지 않고 모든 것을 받아들이기 위해 노력한 덕분에 비교적 빨리 적응할 수 있었다.

문제가 생기면 발로 뛰어다니면서 직접 해결했다. 남들에게 바보처럼 보였을 수도 있었다. 짧은 시간에 내가 하고 싶었던 것은 대기업이라는 시스템에 강한 사람이 되는 것이 아니라 몸으로 직접 경험하면서 변화에 강한 내가 되는 것이었다. 내가 변화를 선택했지, 변화하는 세상에 밀려들어간 것이 아니기 때문이었다. 삼성전자로 옮긴지 1년만에 부장으로 승진하는 행운도 누렸다.

앞으로도 나는 계속 변화를 선택할 것이다. 남들이 생각하는 안정적인 것이 최선은 아니다. 스스로의 경험과 지식, 상상력과 용기가 매일매일 성장하는 나를 만든다는 것을 알기 때문이다.

일상에서 많은 문제들과 부딪힌다. '이건 불가능한 문제야', '이건 말도 안 돼'라는 순간 답을 찾기 힘들다. 회사에서도 마찬가지다. 해결해야 할 일들이 산더미인데 제대로 해결되는 것은 없다. 뭔가 꼬여가는 느낌만 계속 들고 답답하기만 하다.

포기하지 말자. 문제는 문제 자체가 아니라 문제를 바라보는 우리의 생각이다. 훈련을 통해 짧은 시간에 불필요한 정보와 잡념을 배제하고 본질과 핵심에만 집중할 수 있는 능력이 당신에겐 있다. 부족하다면 연습을 통해 개발할 수도 있다.

누구에게도 의지하지 않고 문제를 극복할 수 있는 힘이 필요하다. 회사에서는 자신만의 콘셉트로 혼자서 성과 내는 법도 배워야 한다. 회사를 그만두면 현직에 있을 때의 화려한 직함과 직책을 벗어던지고 존경을 받을 수 있는 매력이 있어야 한다.

나는 아이디어 노트에는 '나력'에 대해 다음과 같은 비전을 적어두었다.

> 봄에는 푸릇푸릇한 신선함으로 사람들에게 새출발의 희망을 주고, 여름에는 크나큰 그늘로 사람들에게 몸의 휴식과 마음의 여유를 주고, 가을에는 울긋불긋한 색깔로 사람들에게 일상의 재미를 주고, 겨울에는 다 벗어버린 후에도 사랑과 아름다움을 줄 수 있는 거목처럼 산다.

무언가를 할 수 있다고 생각하든 할 수 없다고 생각하든 당신의 생각이 맞다. 당신이 생각한 당신만의 방법이기에 문제를 어떻게 생각하든 그 말은 옳은 것이다. 나력이 있다는 것은 어떤 상황에서든 자신만의 할 수 있다는 자신감으로 옳은 결단을 내리는 힘이다.

결국 나력은 '나답게' 산다는 것이다. 다른 사람의 기준으로 사느라 소중한 시간을 낭비하지 않는 것이다. 경험, 지식, 상상력과 용기. 이 4가지가 문제를 나답게 해결해주고 홀로 설 수 있는 힘을 주는 나력의 본질이다.

그 힘은 다른 사람들과 어울릴 때 더 큰 힘이 된다. 나는 내가 추구하는 가치를 위해 살고, 그 가치로 인해 보상을 받는 것이다.

08

태풍의 길목에 서면 돼지도 날 수 있다

강연을 마치고 동료들과 삼겹살을 먹으러 갔다. 초저녁이었지만 다들 배가 고팠는지 말도 하지 않고 먹기 시작한다.

"말 좀 하면서 먹지?"

서로 쳐다보면서 웃기만 한다. 직장생활을 하다가 인테리어 사업을 하는 친구, 작가로서 삶을 살면서 강연을 하는 친구, 자신의 길을 가겠다면서 씩씩하게 사표를 던지고 인터넷 사업을 하는 친구까지. 모두 새로운 기회를 스스로 만들어가는 사람들이다. 시작하면서 우여곡절은 있었지만 다들 하는 일이 잘되고 있는 동료들이기도 하다. 우리는 자신만의 '태풍의 길목'을 만드는 중이다.

누구나 장점이 있다. 하지만 장점도 기회를 만나야 발휘할 수 있다. 샤오미의 레이쥔은 자신의 장점과 기회를 잘 이용해야 한다는 것을 이렇게 표현했다.

"태풍의 길목에 서면 돼지도 날 수 있다."

운 좋게 태풍의 길목을 만나서 성장할 수도 있다. 하지만 자신만의 태풍 길목을 적극적으로 찾고, 주도적으로 만들어야 한다. 내게 '태풍의 길목'은 삼성전자다. 내 역량을 펼칠 수 있는 기회의 장이다.

유통회사에 있으면서 많은 산업의 흐름이 인터넷이나 모바일로 이동한다는 것을 느꼈다. 옷을 팔아도 인터넷으로 파는 게 더 빠르고, 정보를 얻는 것도 매장까지 직접 오는 것보다 휴대전화로 검색하는 것이 훨씬 빠르다.

앞으로는 더욱 인터넷과 모바일이 우리 삶에 더 깊이 파고들 것이다. 흐름이 바뀌는 공간에서 새로운 기회가 생긴다. 삼성은 이런 흐름을 더 가까이에서 만날 수 있는 공간이다. 하지만 새로운 머릿속 엔진을 바꾸기 위해서는 내가 가진 기존의 상식들을 다 버려야 했다.

'삼성전자에서 머리를 다 비우고 일한다고?'

나에겐 무모한 도전이었다. 하지만 기존에 알고 있던 내 지식들이 바뀐 환경에서는 편견이 될 수도 있기 때문이다.

'난 이미 해봤어', '그 정도는 누구나 알고 있는 거야' 이렇게 다 알고 있다고 말하는 순간 더 이상 받아들이지 않는다. 더 이상 실천하려고 하지 않는다. 나의 한계는 모르는 것에서 오는 것이 아니라 다 알고 있다고 생각하는 데서 오는 것이다.

당신만의 태풍 길목을 만들라고 말하고 싶다. 어떻게 태풍의 길목을 만들어갈 것인가?

우선 '내가 나를 돕는 힘'을 길러야 한다. 내가 나를 돕는 힘은 나를 더 알아가고, 더 진화하게 하는 힘이다. 지금의 환경을 스스로 바꾸어보라고 말하고 싶다. 물론 변화는 힘들고 두렵다. 하지만 그 속에는 아직 느껴보지 못한 감각과 감정들이 숨어 있다.

큰 환경을 바꾸기가 힘들다면 일상 속에서 작은 환경이라도 바꾸는 경험을 가져라. 운동을 하지 않았다면 당장 이불을 박차고 운동을 시작해보라.

내가 나를 도울 때에는 몸도, 마음도 서로 격려하고 위로하게 된다. 나를 위해 매일 하는 운동이 힘들 때마다 내 마음은 그래도 '10분만 더'를 외치며 몸을 격려한다. 글이 써지지 않아 마음이 힘들어하면 몸은 글이 마무리될 때까지 자리를 지켜준다.

변화를 원하면서도 변화 앞에서는 머뭇거리기 쉽다. 우리는 변하지 말아야 할 수백 가지의 이유를 가지고 있기 때문이다. 하지만 변화를 선택하지 않으면 지금의 나에서 얼마나 더 바뀔 수 있을까?

당신에 대해 알고 있는 전부가 당신이 아닐 수도 있다. 당신의 진정한 장점을 당신이 모를 수도 있다. 변화는 내가 나를 돕는 힘을 만들어주고 그 힘이 당신을 더 성장시키고 새로운 기회도 가져다준다.

둘째, '삶을 포트폴리오하는 힘'을 키워라.

셰익스피어는 '사람은 일생 동안 여러 역할을 소화한다'고 말했다. 최근의 환경은 더욱 우리에게 많은 역할을 요구하고 있다. 일생 동안 여러 역할을 소화한다는 말도 이제는 1년, 2년 단위로 변화고 있다.

같은 일을 하더라도 주위에 관심을 가지고 다른 것을 해내는 힘을 만들어야 한다. 회사에서 전략 보고서를 만들 때는 여러 다양한 상황도 알아야 하지만 나는 글쓰기 책을 꼭 읽는다. 상대방의 입장에서 가독성이 좋은 보고서를 쓰기 위해서지만 그런 노력이 내게 책을 쓸 수 있게 해주었다.

내가 아는 어떤 분은 손재주가 많아 일상에서 이것저것 만드는 것을 좋아한다. 요리도 좋아해서 집에서 다양한 음식을 만들고, 퀼트로 가방을 만들기도 한다. 최근에는 목공을 배우러 다니면서 집에서 필요한 작은 소품을 만드는 수준도 되었다. 그러다 지인의 소개로 인터넷에서 블로그를 시작했다. 살림만은 자신 있다는 그녀는 짧은 시간에 파워 블로거가 되었다. 완전히 바뀐 일상에 놀라워하면서 하루하루를 즐기면서 생활하고 있다. 이것저것 시도한 노력이 그녀만의

'태풍의 길목'을 찾게 해준 것이다.

보고서를 만들기 위해서 글쓰기를 공부하고, 주부이면서 퀼트와 목공을 한 것이 작가와 파워블로거라는 다른 역할을 하는 힘을 만들어준 것이다.

셋째는 '책으로 경험을 만드는 힘'을 키워라.

닥치는 대로 읽어라. 책을 읽고 좋고 나쁘다는 판단을 하지 마라. 모든 책은 하나의 완전한 경험이기 때문이다. 모든 것을 직접 경험하는 것은 불가능하다. 책은 우리에게 간접 경험을 하게 해준다.

내가 명상을 시작하게 된 것도 책으로 먼저 경험했기 때문이고, 일하면서 다양한 아이디어를 낼 수 있는 것도 책을 통해 간접경험을 했기 때문이다.

아직 당신만의 길을 가지 못했다면 당신만의 태풍의 길목을 발견하지 못했기 때문이다. 그렇다고 자신만의 태풍의 길목을 느긋하게 마냥 기다릴 수는 없는 노릇이다. 운이 좋게 바람이 부는 방향이 잘 맞아서 하는 일이 잘 될 수 있다. 하지만 이 3가지 힘을 키워 바람이 부는 방향까지 맞는다면 자신만의 태풍 길목을 스스로 만들 수 있다.

제4장

뇌섹남의 아이디어 노트

01

아이디어 노트가 필요한 이유

'세상에! 내가 지금 막 달성한 일들이 그대로 적혀 있다니…'

집을 이사하고 나서 3년 전에 기록한 노트를 보게 되었다. 보는 순간 몸이 오싹했다. 그 노트에는 현재 내가 어떻게 되어 있을 것이라는 내용이 기록되어 있었다.

- 더 큰 회사로 옮겨 새로운 도전을 하기
- 책을 써서 자기계발 작가가 되기
- 경험을 공유하며 동기부여 강연을 하기

그 노트에는 현재의 내 모습이 너무나 생생하게 적혀 있었다.

대학 시절부터 글로 기록하는 것에 대한 강한 믿음이 있었다. 나는 해마다 이루고 싶은 일들, 아이디어를 노트에 적었다. 기록의 힘을 믿었고, 그것을 활용할 수 있다고 생각했다. 열정적으로 기록하고 진지하게 그것을 따를 때 원했던 상황이 일어난다는 것을 믿었다.

그래서 늘 펜을 옆에 두고 기록했고 결코 메모를 멈추지 않았다. 일은 바빴지만 마음속으로 설명할 수 없는 무엇인가가 떠오를 때면 꼭 아이디어 노트에 기록했다.

세상에 우연은 없다. 오히려 우연은 필연이라고 하는 게 옳다. 우연의 대부분은 무의식적으로 선택한 과거의 일에서 일어나기 때문이다.

어떤 자동차를 사겠다고 결심했더니 그날부터 그 자동차만 보인 적이 없는가? 평소에는 많이 보이지도 않았는데 말이다. 메모를 하는 것도 마찬가지다. 적는 행위 자체가 우리의 생각과 의식을 자연스럽게 유도한다.

그럼 아이디어 노트는 왜 필요한가? 발상의 씨앗은 직접 산에 던져놓으면 안 된다. 묘목판에 심어 싹을 틔워야 한다. 그런 다음 건강하고 좋은 것들을 골라 어느 정도 자라면 산에 옮겨 심어야 한다. 아이디어 노트가 필요한 이유도 똑같다. 생각난 아이디어를 적어둔다. 적어두면 머릿속의 발상은 아직 남아 있다. 발상을 노트에 적어야 뇌는 새로운 발상을 하려고 계속 노력하고 활동한다.

아이디어 노트는 내 머릿속에 떠오른 것을 내보내는 '공간'이다. 나는 되도록이면 아이디어 노트를 가지고 다니면서 생각나는 것을 적는다. 적어두면 생각하지 않더라도 뇌에서 다시 되새김질을 하기 때문이다. 기록의 힘은 대단하다. 적자생존의 시대라고들 한다. 기록하는 습관을 가진 이들이 살아남는 시대인 것이다.

목표를 마음속으로 생각만 하고 있는가 아니면 기록하는가? 간절하게 목표가 이뤄지길 바란다면 일단 기록하라. 당신의 목표는 기록했을 때 살아 움직이기 시작하고, 성공을 위한 수레바퀴는 돌아가기 시작한다는 것을 기억하라.

기록은 뇌를 움직이게 만든다. 뇌에는 '응답 반사'라는 기능이 있다. 목표를 기록하면 뇌가 반사적으로 답을 찾기 시작한다. '질문을 받으면 자동적으로 해답을 찾으려는' 기능인 것이다.

네이버에서 검색창에 찾고 싶은 키워드를 치고 엔터키를 눌러야 요청한 정보를 찾기 시작하듯 뇌도 마찬가지다. 목표를 이루려는 기록을 뇌에 던지면 뇌에 축적된 방대한 정보에서 관심을 기울이기 시작한다. 목표를 기록하는 일은 레이더를 당신의 의식 속에 설치하는 것과 같다.

아이디어 노트는 특히 다음과 같은 사람들에게 반드시 필요하다.

첫째, 업무에서 성과를 올리고 싶은 사람이다.

글로 적어야만 애매한 생각이 명확해지고 아이디어가 샘솟는다. 성공하기 위해서는 창의와 노력이 필요하다. 새로운 아이디어와 발상에 아이디어 노트만큼 좋은 도구는 없다.

둘째, 자신의 꿈을 구체화하고 이루고 싶은 사람이다.

존 고다드처럼 기록한 꿈은 스스로 이루어지는 마력을 가지고 있다. 또한 과정을 즐길 수 있게 만들어준다. 점차 자신의 꿈이 이루어지는 모습을 보며 놀라움을 발견하는 행운도 누린다. 아이디어 노트가 곧 당신의 드림 노트가 되는 것이다.

셋째, 지금보다 더 성장하고 싶은 사람이다.

종이 위에 적으면 자신을 더 깊이 알게 된다. 어떤 생각을 하고 있는지, 어떤 상황에 놓여 있는지를 알고 무엇을 해야 하는지를 깨우치게 해준다. 가끔은 반성도 하고, 잘한 자신에게 칭찬도 해준다. 그리고 하는 일의 아이디어를 기록하고 실천하도록 동기부여도 된다. 그렇게 매일매일 성장하는 자신을 볼 수 있는 기회가 된다.

목표를 분명히 기록해놓은 사람은 기록하지 않은 사람보다 목표를 달성하는 경우가 훨씬 많다는 사실은 수많은 연구를 통해 확인되었다. 당신이 그리는 목표나 이루고자 하는 꿈을 당신의 노트에 기록하면 원하는 모습에 보다 빨리 도착할 수 있다.

남들보다 더 빨리 꿈을 이루고 싶다면 아이디어 노트를 적극적으로 활용해보길 바란다. 일상의 발상부터 이루고 싶은 꿈까지 기록하는 데 한계는 없다. 한계라면 당신의 상상력이 어디까지인가 뿐이다.

꿈을 실현시키는 기록의 힘을 믿어라. 틀림없이 변화가 일어날 것이다. 예전에 가능하다고 생각했던 곳보다 더 멀리 갈 수 있도록 당신을 도와줄 것이다. 오늘을 기록하는 사람은 내일이 다르고, 다른 내일을 만든 사람은 원하는 미래를 그만큼 빨리 가질 수 있다.

아이디어 노트에 기록한다는 것은 무의식에 뿌리는 행운의 씨앗과 같다.

02

아이디어 노트 활용법

바쁜 현대인들. 책 읽을 시간도 나를 위한 꿈을 상상할 시간도 없다. 빠른 디지털 시대를 따라가다 보니 정말 필요한 나다움까지 바쁜 일상에 묻힌다. 디지털 시대가 스마트하게 우리를 구속하기 때문이다.

내가 아이디어 노트를 활용하는 것은 독서, 꿈, 시간이라는 중요함을 잊지 않기 위해서다. 이를 위해 뇌와 아이디어 노트가 서로 협력을 하는 것이다.

'느낌'을 '생각'으로 발전시키기 위해 내가 어떤 방법을 사용하고 있는지, '생각'을 '실천'으로 옮기기 위한 방법을 구체적으로 소개하고 싶다. 내가 사용하는 도구는 한 권의 노트와 필기구뿐이다. 이 아이디어 노트가 생각을 구체적인 성과로 만들어주는 나의 소중한 파트너다.

뚜렷한 목표와 '하고 싶다'는 열망에 가득 차 어떤 일을 시작한다. 그런데 곧 훼방꾼이 찾아온다. 바로 자신의 머릿속에서 들려오는 내면의 부정적인 목소리다. 특히 어려운 장애물을 만나면 상황은 더욱 심각해진다.

이럴 때 아이디어 노트는 주위의 부정적인 목소리보다 '긍정의 나'에게 더 집중하게 해준다. 이 책을 쓰게 된 계기도 아이디어 노트에 기록한 '선한 영향력을 미치는 사람 되기'라는 목표 덕분이다. 아이디어 노트를 활용하면서 성과도 생활의 만족감도 높았다. 글을 쓰는 것도 아이디어 노트 속의 드림리스트 중 하나였다.

아이디어 노트를 활용하면 우선 실천하는 독서를 할 수 있다. 나는 20대 초에 지그 지글러가 쓴《정상에서 만납시다》를 읽은 후 아이디어 노트를 활용하기 시작했다. 지그 지글러는 책에서 "아이디어 노트는《정상에서 만납시다》와 함께 항상 가지고 다녀야 한다. 이 책이 여러 가지 생각들과 아이디어를 '유발시킬' 수도 있으니까 말이다. 아이디어와 생각들이 떠오르면 아이디어 노트에 기록하라."고 주장한다.

나는 이때부터 독서를 하면서 아이디어 노트를 활용하기 시작했다. 책을 읽을 때 생각났던 아이디어를 시간 지나면 기억하지 못할 수도 있다. 책을 보면서 아이디어 노트를 적극 활용하는 것도 책에서 '끄집어낸' 아이디어였던 것이다.

나는 가방 속에 아이디어 노트와 책 2권을 꼭 가지고 다닌다. 회사에 다니면서도 책에서 얻은 아이디어를 많이 적용했다. 나에게 실천 독서를 하게 만든 것도 아이디어 노트였다.

두 번째, 꿈을 구체화시켜주는 도구가 된다.

아이디어 노트에 아이디어만 기록하는 것은 아니다. 나의 비전, 미래에 이루고 싶은 것, 머릿속에 번뜩 떠오른 아이디어와 일기까지도 기록하는 공간이다. 미래에 이루고 싶은 드림리스트에는 상상력으로 적은 것도 다수 포함되어 있다. 놀라운 것은 그 일들이 점진적으로 이뤄지고 있고, 구체화되고 있다는 것이다.

다니면서 떠오르는 아이디어도 잡는다. 당신의 머릿속에서는 활기찬 생각들이 넘쳐흐른다는 것을 알게 될 것이다. 아이디어가 떠오를 때마다 즉시 적으면 된다. 가끔은 '아하!'라는 탄성을 지를 수도 있다.

아이슈타인은 모든 결과물이 자신의 상상력에서 나온다고 생각하고 이렇게 말했다.

"지식보다 중요한 것은 상상력이다. 지식에는 한계가 있다. 하지만 상상력은 세상의 모든 것을 끌어안는다."

성과와 상상이 중요한 이유는 상상만으로도 성과를 만들 수 있기 때문이다. 현실은 답답하고 답이 없는 것 같아도 마음껏 상상하는 긍정적인 사람이 되어야 한다.

세계적인 심리학자 맥스웰 몰츠 박사는 흥미로운 실험을 했다.

농구선수들을 무작위로 두 그룹으로 나눈다. A 집단에게는 슛을 던져 백발백중 성공시키는 상상력 훈련을 시킨다. B 집단에게는 아무 훈련도 시키지 않았다.

그러고 나서 실제 코트에서 슈팅을 시켜봤더니 A 집단이 B 집단보다 성공률이 월등히 높았다. 상상력이 성과창출로 연결된다는 사실을 증명해준다. 상상만으로도 목표가 실현되는 확률이 높아지는 것이다.

세 번째, 시간을 밀도 높게 활용할 수 있다.

아이디어 노트는 주어진 시간을 어디에 활용해야 하는지, 어떻게 활용해야 하는지를 명확하게 해준다. 아이디어 노트는 비전, 드림리스트와 하는 일에 대한 아이디어를 기록하는 공간이다. 바쁜 일상 중에도 매일 보게 된다. 내가 하는 일이 내가 살아가는 방향과 맞는지를 수시로 생각할 수 있게 해준다. 그렇게 하다 보니 낭비되는 시간이 줄어든다. 여분의 시간도 효과적으로 활용하게 되는 것이다.

아이디어 노트를 활용한 아이디어 메모

❶ 다윈의 '종의 기원'을 읽고 매장 구성에 활용!

다윈의 진화

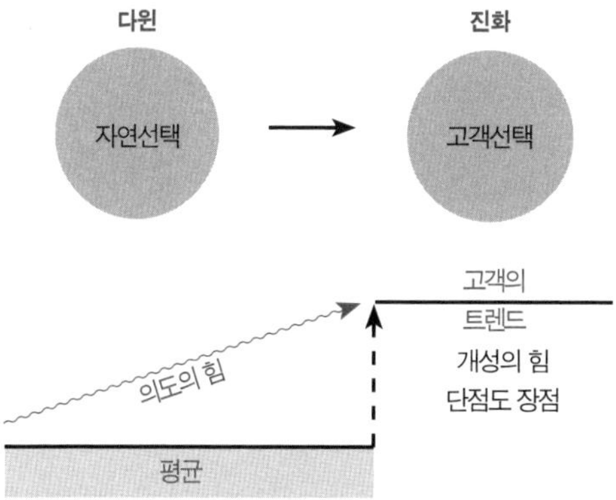

❷ 오픈 프로젝트 : 다른 영역에서의 성공모델 가져오기!

Open IDEATION

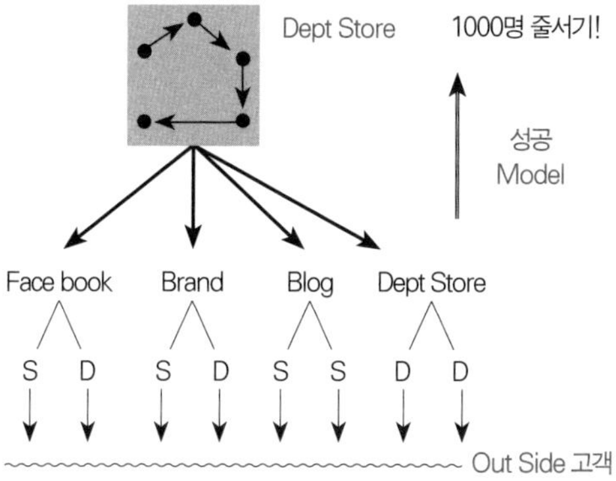

아이디어 노트를 위한 필수품은 어떤 것이 있을까? 기본적으로 노트와 펜만 있으면 어디서든 누구나 시작할 수 있다. 어떤 노트와 펜이 필요한지 고민될 수 있다. 노트는 크기, 제본 방식, 두께 등은 모두 제각각이다. 이것저것 다 가지고 있을 필요는 없다. 자기의 목적에 알맞은 사무용품을 선택하면 된다.

나는 A5 사이즈의 바인더로 된 아이디어 노트를 사용한다. 표지가 플라스틱으로 된 무인양품 브랜드의 바인더다. 노트는 바로 손이 닿는 곳에 놓거나 아니면 가방에 넣고 다닌다. 노트가 몸에서 떨어지는 경우는 별로 없다.

아이디어 노트의 짝이라고 할 수 있는 펜도 정보를 기록하는 데 중요한 역할을 한다. 펜은 필기감이 부드러운 것으로 하면 된다. 나는 주로 만년필을 사용한다. 복고적인 느낌에 쓸 때 사각사각한 소리가 뇌를 더 깨우는 느낌이 들어서 좋다.

깨끗하게 쓰지 않아도 되니 과감하게 써라. 아이디어 노트를 사용할 때는 우선 '무엇을 위해 쓰는가?'를 인식하기 바란다. 단순히 기록하기 위함이 아니다. 기록을 통해 당신이 성장하고, 꿈을 이루는 행동을 이끌어내는 것이 목적이다.

03

아이디어 노트의 테크닉

아이디어 노트를 어떻게 쓸까? 당신에게 꿈과 아이디어가 있어도 적지 않으면 구체적으로 와 닿지 않는다. 기록은 생각을 밖으로 드러냄으로써 사실을 객관적으로 바라볼 수 있게 해준다. 눈으로 확인해야 인식할 수 있다.

사람마다 쓰는 습관이 다르다. 다이어리를 쓰는 사람, 노트를 활용하는 사람, 메모장을 활용하는 사람도 있다. 어떤 것을 활용하든 개인의 취향에 맡긴다. 여기서는 당신이 활용할 수 있는 유용한 테크닉을 이야기하려고 한다.

아이디어 노트는 3가지 주제로 구분되어 있다. 나의 비전, 드림리스트 그리고 아이디어 노트로 구분해서 활용한다. 활기차게 살아가려면 목표는 필수적이다. 목표와 꿈을 달성하기 위해서는 잊지 않는 자세가 중요하다. 아이디어 노트에 적은 비전과 드림리스트를 읽는 사이 내가 무엇을 해야 하고 어떤 것이 필요한지 명확해진다.

그렇다면 비전과 드림리스트는 무엇인가? 우선 비전은 어떻게 살아야 하는지를 말하는 큰 그림이고, 드림리스트는 큰 그림을 완성하는 조각이다.

당신의 욕구와 희망을 확인하게 되면 무의식에서 필요한 것을 끌어당기게 된다. 아이디어 노트에 꾸준하게 '기록'하면 '미래'가 생기는 것이다.

자신의 비전과 생각을 기록하고, 그것을 눈을 통해 뇌로 확인하게 되면 당신만의 '개성'이 생긴다. 일상의 재미와 활력도 생기게 된다. 주저하지 말고 일단 쓰라고 말하고 싶다.

다음은 아이디어 노트를 쓰는 원칙이다.

첫째, 미래의 '나의 비전'을 표현한다.

아이디어 노트는 표지를 넘기자마자 '나의 비전(vision)'이 있어야 한다. 비전이란 "미래에 무엇이 보이느냐?"라는 뜻이다. 즉, 앞으로 어떤 일이 일어날 것인지에 대한 답이다. 앞으로 내 삶에 어떤 일이 일어날 것인가를 정의하는 것이다. 생생하게 비전을 품기 위해서 비전 선언문을 만든다.

5년, 10년 뒤의 미래상인 비전을 그리는 것은 중요하다. 현재 무엇을 해야 할지를 구체적으로 보여주기 때문이다. 열정을 부르는 비전이 아이디어 노트의 출발점이다.

둘째, 이루고 싶은 드림리스트를 만든다.

드림리스트를 아이디어 노트의 앞쪽 페이지에 적는다. '나의 비전' 다음 페이지에 적으면 된다. 눈으로 봐야 마음에도 그려진다. 생생하게 느끼기 위해서는 이미지로 보는 것이 좋다. 드림리스트를 이미지로 잘 표현한 사진을 드림리스트 페이지 다음부터 붙여두면 좋다. 이탈리아 베네치아를 여행하고 싶다면 베네치아의 사진을 붙이고, 벤츠를 갖고 싶다면 벤츠의 사진을 찍어 붙여둔다. 아이디어 노트뿐만 아니라 책상에도 붙이고, 컴퓨터 바탕화면으로도 설정해두며 더욱 효과적이다. 글만 줄줄이 써서 지루하게 기록하는 것보다 그림이나 사진을 같이 활용하면 기억에 더 잘 남는다. 좌뇌와 우뇌의 협력 작업을 강화하기 때문이다.

좌뇌는 언어를 담당하고, 우뇌는 영상과 소리 등의 비언어 정보를 담당한다. 텍스트를 적기만 하면 우뇌는 움직이지 않는다. 하지만 목표를 글로 표현하면서 그림이나 이미지를 활용하면 우뇌도 함께 움직인다.

셋째, 손을 사용하여 아이디어 노트에 기록한다.

아이디어 노트는 일상에 활용하는 것이다. 대부분 당신이 읽는다. 눈을 통해 뇌가 읽는 것이다. 효과적으로 뇌가 읽게 하려면 손글씨로 기록하는 것이 좋다. 드림리스트가 늘어나면 컴퓨터로 작성해서 노트에 붙여도 좋다.

그리고 하고 싶은 일을 드림리스트에 적을 때는 이루어진 결과를 현재 시제로 기록한다. 언제 실행할지 결정해 완료시점을 구체적으로 기록하는 것도 중요하다.

넷째, 문장은 간단하고 명확하게 쓴다.

문장은 되도록 짧게 쓴다. 무엇을 원하는지 직접적으로 표현하면 된다. 당신의 의도를 보여줄 수 있도록 명확하면서도 간단하게 적으면 된다.

다섯째, 긍정문으로 쓴다.

긍정적인 말과 생각에는 현실을 바꾸는 힘이 있다. 아이디어 노트에 결과를 생생하게 상상하면서 긍정의 말로 표현하라. 긍정적인 표현을 사용하고 현재형으로 쓴다. 숫자로 표현할 수 있는 것은 숫자로 쓰는 것이 좋다.

어떤 상황에서나 긍정적으로 생각하면 성공하는 자신의 모습으로 바꿀 수 있다. 내면의 부정적인 목소리나 주위의 부정적인 반응에 귀 기울이지 않고, 그것에 도전할 수 있는 힘을 준다. 당신이 사용하는 말은 당신이 이루고 싶은 결과에 더욱 가까이 혹은 더 멀리 움직이게 하는 힘이 있다. '할 수 있다'라는 말이 성공을 보장하는 것은 아니지만 '도저히 못하겠다'고 말하는 사람은 절대 성공할 수 없다.

여섯째, 성공한 모습을 생생히 그려본다.

당신이 원하던 목표를 달성했을 때의 모습을 머릿속으로 그려보라. 흥분과 자신감이 느껴질 것이다. 자신의 아이디어 노트를 '다시 읽어보는 시간'은 무엇보다 중요하다. 내 아이디어 노트는 긍정적인 말들로 가득 차 있다. 몸 상태가 좋지 않아 기분이 처지는 날도 있다. 그럴 때면 아이디어 노트에 적은 긍정적인 문구를 눈으로 읽고 입으로 말하면서 에너지를 얻는다. 아이디어 노트를 다시 읽으며 성공한 모습을 그려보는 것을 습관으로 만들어야 한다. 거듭 당부하지만 '비전과 드림리스트를 다시 읽는 습관'이야말로 가장 중요한 아이디어 노트 활용법이라는 사실을 명심하기 바란다.

아이디어 노트로 인생의 승리자가 되라. 당신이 작성한 비전 선언문과 드림리스트를 이루려는 신념이 실천과 조화를 이룰 때 놀라운 일들이 일어난다. 당신의 눈으로 성과들이 만들어지는 것을 볼 수 있다. 꿈과 목표가 현실이 되는 것을 실감하게 될 것이다.

하나의 성과나 드림리스트를 이루었다면 자신에게 줄 선물을 준비하라. 자신이 무엇을 가장 좋아하는지, 가장 갖고 싶은 것이 무엇인지 미리 생각해둔다. 하나하나 성취하는 자신에게 선물을 주는 것은 하고 싶은 욕구를 불러일으키고 더 좋은 결과를 얻을 수 있게 해준다.

04

모든 일은 '번뜩임'에서 시작한다

일 할 시간은 확보되어 있는데 도무지 집중이 안 된다.

생각이 막혀서 일이 진행되지 않는다. 답답하기만 하다. 그러다 친구와 커피를 마시다가, 지하철을 타고 퇴근하는 길에 아이디어가 순간적으로 떠오르는 경험을 해봤을 것이다.

나도 책을 쓰다가 생각이 막힐 때가 있다. 그럴 땐 일어서서 글을 쓰기도 한다. 그래도 안 되면 서재 주위를 한두 바퀴 걷는다. 초콜릿을 먹고 커피를 마시기도 한다. 때로는 외출하려고 옷을 입을 때 '번뜩'하는 순간이 온다. 그러는 동안에 막힌 부분의 생각은 자연스럽게 이어진다.

"아! 맞아. 바로 그거야!"

바로 메모지나 휴대전화에 떠오른 아이디어를 적어둔다. '번뜩' 떠오른 생각은 휘발성이 강하다. 바로 기록하지 않으면 날아가버린다. 그래서 우리는 이런 말을 자주하게 된다.

"나도 저런 생각했는데…."

이런 이야기를 해봤자 아무런 의미도 없다. '번뜩임'은 누가 그것을 의식해서 '알아차림'으로 바꿀 수 있는가의 문제다.

인간의 뇌에는 1,000억 개에 달하는 신경세포가 있다. 이들 신경세포를 통해 사람은 생각이라는 것을 한다. 작은 불꽃이 머릿속에서 지속적으로 일어나고 있는 셈이다. 이것이 '번뜩임'의 이유다. 뇌는 무수한 생각들을 하고 있다. 가만히 있어도 생각을 한다. 훌륭한 아이디어는 '번뜩임' 속에서 탄생했다.

뉴턴은 나무에서 떨어지는 사과를 보고 '만유인력의 법칙'을, 아르키메데스는 욕조에 들어갈 때 물이 흘러넘치는 것을 보고 '아르키메데스의 원리'를 깨달았다.

번뜩임의 힘을 키워야 한다. 번뜩임의 힘을 키우기 위해서는 편안한 상태를 만들어야 한다. 몸이 피곤할 때보다는 산책을 하고 커피를 한 잔 마실 때 더 좋은 아이디어가 떠오른다. 중요한 점은 순간적으로 만들어지는 '번뜩임'을 필사적으로 잡아야 한다는 것이다. 순간적으로 만들어지는 만큼 필사적이어야 한다. 재미있는 생각이나 일이 일어나는 순간에는 '이거다!'라고 하면서 재빨리 낚아채야 한다.

당신에게 일어나는 번뜩임이 '나와는 전혀 상관없다'고 단정하는 것은 섹시한 뇌를 거부하는 것이다. 그렇게 하다 보면 당신은 알고 있는 지식 내에서만 이해하고 행동하게 된다. 이성적으로 이해한 부분만을 받아들이려고 한다. 하지만 '번뜩임'은 직관적이다. 지나가다가 현금을 발견하듯이 살아가다가 지혜를 공짜로 줍는 것과 같다.

좀처럼 만나기 어려운 기회를 만드는 요령은 열심히 생각하는 것이다. 열심히 생각하는 사람에게만 바라는 것 이상의 기회가 주어진다. 이러한 우연을 '세렌디피티(Serendipity)'라고 한다.

세렌디피티는 '우연히 무언가를 발견하는 능력'을 말한다. 일상의 세렌디피티를 즐기자. 일단 시도하면 뜻하지 않은 일들을 만나는 경우도 많다. 우연히 지나가던 이야기가 뜻밖의 행운을 가져다주는 경우도 있다.

번뜩임의 힘으로 세계적인 기업을 만든 마쓰시타 고노스케의 이야기다. '경영의 신'이라 불리던 일본 마쓰시타 전기산업의 회장 고 마쓰시타 고노스케는 집이 몹시 가난해서 어릴 때부터 구두닦이, 신문팔이를 해야 했다. 몸도 약해 항상 건강에 주의해야 했다. 또, 초등학교도 졸업하지 못했기 때문에 모든 세상 모든 사람을 스승으로 여기며 살았다.

아버지의 사업 실패로 집안이 풍비박산 나자 마쓰시타는 9세 때 초등학교를 중퇴하고 자전거 점포의 수습사원으로 일했다. 1918년 24세 때 그동안 모은 자본금 100엔으로 쌍가지 소켓을 제조하는 마쓰시타 전기를 창업했다. 1년에 절반은 누워 있어야 될 정도로 몸이 약했음에도 독자적 경영이념과 수완으로 회사는 급성장할 수 있었다.

그렇다면 지독하게 가난하고 초등학교도 졸업하지 못한 마쓰시타가 어떻게 눈부신 성공을 일구어냈을까? 그의 성공 비결은 남들이 사소하게 생각했던 '번뜩임'의 진리를 실천에 옮기는 것이다.

어느 날 마쓰시타가 밤길을 걷고 있는데 어느 집에서 싸우는 소리가 들렸다.

"라디오는 다리미질하고 나서 들어요!"

"라디오 듣고 난 뒤에 다리미질하면 되잖아!"

가만히 들어보니 다리미질을 하려는 여자와 라디오를 들으려는 남자가 서로 콘센트를 차지하려 다투는 소리였다. 이때 그의 머리에 아이디어 하나가 번뜩 떠올랐다. 바로 '쌍가지 소켓'이었다. 이것은 훗날 마쓰시타가 세계적인 대기업으로 성장하는 발판이 되었다.

마쓰시타는 순간의 아이디어를 놓치지 않았다. 물고기를 낚는 낚시꾼처럼 '번뜩임'의 순간을 자신의 사업에 활용했다. 항상 배우는 자세로 다른 사람의 말을 경청하던 마쓰시타는 순간 스쳐가는 말 한마디를 놓치지 않았던 것이다.

번뜩임과 관계의 끈을 놓지 말자는 것이다. '소재의 씨앗'을 아이디어로 키우는 위해서는 요령이 필요하다. 번뜩임의 순간은 직감과도 같다. 그런 사고력에도 훈련이 필요하다는 것이다. 훈련을 통해서 직감력을 키울 수 있다.

짧은 시간에 결정하기를 반복해서 직감력을 키울 수 있다. 하나의 의사결정을 하는 시간을 3분으로 제한해보는 것이다. 모래시계 같은 것을 활용해도 좋다. 자신의 직감에서 나오는 느낌을 생각으로 받아들이는 연습도 필요하다. 짧은 시간에 불필요한 정보와 잡념을 배제하고 본질과 핵심에만 집중할 수 있는 능력이 향상된다.

사람의 지적 능력의 대부분은 무의식에 숨겨져 있다. 우리는 무의식의 메커니즘에 대해 아주 적은 부분만 알고 있다. 그러나 무의식에는 무한대의 지식이 숨어 있다.

'갑작스럽게 떠오른 아이디어'라든가 '반짝이는 순간'이라는 설명할 수 없는 능력으로 순간적으로 필요한 데이터들이 튀어나온다. 그 순간이 '번뜩임'의 순간이고 당신이 절실하게 필요했던 답일 수도 있다.

모든 일은 번뜩임으로 시작한다. 문제가 풀리지 않는다면 시간을 갖자. 번뜩임의 순간은 언젠가 온다. 그 순간이 오면 물고기를 낚는 낚시꾼처럼 재빨리 낚아채는 것이 중요하다.

05

생각의 조각을 모아라

나는 오랫동안 MD(상품 기획자)로 일했다. 1년에 2번은 새로운 브랜드와 상품을 선보이기 위해 매장을 개편했다. 백화점은 층별로 고객이 구분되어 있는 구조여서 상품도 층별 구성에 맞춰 콘셉트를 잡는다.

백화점은 대부분 구조가 비슷하다. 지하에는 식품, 1층에는 해외 브랜드나 패션 액세서리, 2층에는 여성의류처럼 같은 범주의 브랜드나 상품을 모아둔다. 고객들은 몇 층으로 가야 찾는 브랜드가 있는지 알고 있다.

그런데 편집숍이 생기면서 공식이 깨지기 시작했다. 편집숍은 백화점의 모든 층에 있는 상품을 하나의 매장에 넣어서 판매하는 곳이라고 생각하면 된다. 홍대나 가로수길에 가면 편집숍의 전시장이라고 할 만큼 편집숍이 많아졌다.

MD를 하면서 편집숍 개발 프로젝트를 10여 개 정도 진행했다. 백화점에서도 고객을 잡기 위해 새로운 시도가 절실히 필요한 시점이었다.

편집숍을 만들다 보면 백화점 전체 상품을 하나의 매장에 넣는다는 생각을 하게 된다. 한정된 공간에 모든 것을 넣을 수는 없으니 각 층별로 인기 있는 상품들을 새롭게 개발해서 하나의 편집숍에서 선보이는 형태로 만들었다. 각각의 층에 인기 있는 조각들을 하나의 공간 안으로 가져오는 것이다.

이렇게 하면 매장이 정말 매력적으로 변한다. 편집숍에는 노트, 책, 음료, 신발, 티셔츠, 선글라스, 주방용품 등이 한곳에 진열되어 있다. 들어오는 고객들도 재미있어 한다. 그렇다 보니 굳이 살 필요가 없는 상품도 분위기 때문에 산다.

조각이 모여 힘을 갖게 된 것이다. 편집숍에서 전체를 보여줄 수는 없지만 조각을 편집해놓으니 새로운 매력이 생긴 것이다. 백화점에서 편집숍을 도입하는 것을 보면 백화점 자체가 하나의 큰 편집숍이 되는 것 같다. 조각이 전체를 변화시킬 수 있다는 것을 보여준다.

생각의 조각도 편집숍과 같다. 생각의 조각이 모이면 새로운 무언가가 태어난다. 삼성전자에서 일할 때도 내 생각의 조각들을 활용한다. 유통에서의 경험과 생각의 조각들을 제품과 매장에 입히는 것이 다양성과 활력을 주기 때문이다.

생각의 조각들은 성과를 내는 좋은 재료다. 우리는 조각을 연결해 의미 있는 전체를 만들어야 한다. 보다 강력한 의미를 담은 새로운 무언가가 탄생할 수 있다. 중요한 의미가 있는 것끼리 연결하면 새롭고 창의적인 아이디어나 상품이 만들어질 것이다.

단편적인 사실만으로는 발상을 부풀릴 수 없다. 평범한 사람에게는 '점'적인 사실만으로는 충분한 자극이 되지 않는 것이다. 2가지 이상의 사실을 조합해 입체적으로 생각해보라. 발견한 사실이 늘어날수록 조합의 가능성도 늘어난다. '점'이 '면'이 되고 '면'이 다시 '공간'으로 변하게 된다. '점'이 아니라 '선', 나아가서 '면'과 '입체'로 생각을 부풀려야 한다.

잠잘 때도 생각의 조각을 모을 수 있다. 우리 뇌가 가진 '조각 모음' 기능을 활용한다. 하루 동안 머릿속에 들어온 정보는 자는 동안 정리된다고 한다. 마치 컴퓨터의 디스크 정리와 조각 모음 기능과 비슷하다. 이렇듯 우리 뇌의 기능을 적극적으로 활용하면 산재한 문제를 해결하는 데 큰 도움이 된다.

나는 밤 잠들기 전에 다음 날 해야 할 일을 생각한다. 아침에 일어나 어제 던져준 정보를 꺼내 생각하는 방식으로 활용한다. 가끔씩 나도 깜짝 놀랄 정도의 아이디어가 나온다.

예를 들면, 책을 쓰다가 막히면 잠들기 전에 주제와 관련된 내용을 머릿속에 던진다. 종종 놀라운 일이 일어난다. 다음 날 의외의 아이디어로 글을 쓰게 되는 것이다.

생각의 조각을 모으라는 말이 처음엔 어렵게 들릴 수도 있다. 처음에는 생각나는 대로 하면 된다. 그것이 무엇이라도 좋다. 어려워서 시작을 못하는 것이 아니다. 시작을 안 하니까 어려워 보이는 것이다.

종이에 생각나는 대로 생각의 조각들을 적으면 된다. 여기저기 흩어져 있는 마음의 조각을 하나하나 끼워 맞추듯이 하얀 종이 위에 적는다. 순서는 아무래도 좋다. 그저 머리에 떠오르는 대로 적으면 된다. 대충 적고 나면 자신이 적은 내용을 다시 읽어보고 마음속에 새롭게 떠오른 풍경을 덧붙이면 된다.

우뇌를 사용하여 적은 내용을 좌뇌로 분석하고, 좌뇌로 정리한 내용은 우뇌로 영상화시켜본다. 자신감도 생기고 아이디어도 얻게 된다.

단절된 하나하나의 조각들을 맞추다 보면 생각하지 못한 성과를 이루게 된다. 대수롭지 않게 생각하고 그냥 지나칠 수도 있는 작은 생각들이 있다. 이런 작은 생각들을 실현해나가면서 자신의 인생에서 충만감을 느낄 수 있다면 점차 생활에 활력이 생긴다.

생각의 조각, 그 힘을 믿어라!

06

실천해야 힘이다

"선배, 잔소리와 조언의 차이가 뭔지 아세요?"

점심을 먹은 후 커피를 마시면서 후배가 물었다.

"잔소리와 조언의 차이?"

"실천하고 말하느냐, 그냥 입바른 소리에 불과하냐죠."

듣고 보니 틀린 말은 아닌 듯하다. 나는 직접 실천해보지 않은 것은 권하지도 말하지도 않는다. 꼭 해보고 좋다고 생각되면 말해주는 편이다.

그래서인지 직장에서 고민 있는 후배들이 고민거리를 갖고 많이 찾아온다. 나는 후배들과 이야기할 때 직장생활의 정석을 말하지 않는다. 자기만의 장점이 있고, 그것을 실천할 용기가 있다면 누구나 자신의 삶을 살 수 있기 때문이다.

우리가 실행하지 못하는 것은 일이 어려워서가 아니라 어렵다고 생각하기 때문이다. 건강을 위해서 운동을 하는 것이 중요하다는 것은 알지만 꾸준히 운동을 하는 사람은 생각보다 적다. 회사 동료들에게 왜 운동을 하지 않느냐고 물어보면 다들 시간도 없고 힘들어서 못한다고 한다.

사람들은 원하는 일이 저절로 이루어지기를 바란다. 그저 열심히 살다 보면 이루어질 거라고 막연하게 생각한다. 하지만 막연한 생각만으로는 아무것도 이루어지지 않는다. 원하는 것을 얻으려면 그것을 위해서 기꺼이 노력해야 한다. 최상의 시기가 올 것이라고 기다리는 것은 무모하다.

사람들은 모두 좋은 아이디어, 멋진 계획, 훌륭한 의도가 있다. 하지만 그것을 실천에 옮기는 사람은 거의 없다. 머릿속에 많은 지식이 들어 있어도 행동하지 않으면 무용지물이다. 하나를 알더라도 행동에 바로 옮기면 10가지 이상을 배울 수 있다.

성과를 이뤄주는 마법은 없다. 기다리기만 해서는 안 된다. 일어나기를 바라는 일에 방향을 제시하고, 그것을 실행하는 데 전념할 수 있는 전략이 필요하다.

실천의 힘을 키울 수 있는 생각의 방식이 있다.

첫째, 당신이 '할' 일을 미리 제한하는 것은 '할 수 있는' 일을 포기하는 것과 같다.

실천에 강한 사람이 되려면 자신의 이미지를 미리 정의해서는 안 된다. 당신이 생각한 것 이상을 이룰 수는 없다. 당신이 실천하려는 것 이상은 실천하기 힘들기 때문이다.

'나는 원래 책을 쓰지 못하는 사람'이라고 규정했다면 영원히 책을 쓸 수 없었을 것이다. 내가 책을 쓸 수 있는 것도 '나는 책을 쓸 수 있는 사람'으로 규정했기 때문이다. 사람들은 '나는 어떤 사람이다, 나는 ~을 못하는 사람이다'라고 정의해 자신의 가능성이나 잠재력을 활용하지 못한다.

둘째, 실천력을 높이려면 의사결정에 필요한 시간을 줄여야 한다.

간단하게 이야기하면 여러 가지를 따지지 말고 자신이 생각하는 것이나 목표를 향한 뭔가를 저질러야 한다. 때로는 알지 못하는 것이 아는 것보다 더 가치가 있다.

해외여행을 가고 싶다면 일단 항공권부터 예매한다. 그러면 나머지는 저절로 준비하게 될 것이다. 항공권이 있다면 호텔은 자연스럽게 알아보게 된다. 이것저것 다 준비된 상황에서 가려고 마음먹는 순간 해외여행은 정말 가기 힘들어진다.

가장 중요한 것은 하려는 일을 미루지 않고 즉각 '언제 실행할지'를 결정해 '자신과의 약속'을 행동에 옮기는 것이다. '언제 할까?'를 '이 날 하자'로 바꿔보자. '언제 실행할지'를 결정하는 것이 실행하기에 가장 좋은 방법이다.

꿈을 이루기 위해서는 실천이 필요하다. 사람은 현재와 미래를 동시에 살아간다. 미래에 이루어야 할 꿈이 있다는 것은 지금 당신의 자리에서 뭔가를 하고 있다는 뜻이다. 현재가 미래를 만든다고 생각하지만 미래의 꿈과 비전이 현재를 만들고 있는 셈이다.

정답이 무엇인지 머릿속으로 이리저리 재볼 시간이 있다면 일단 움직여라. 그래야 당신의 목표와 꿈에 더 빨리 도달할 수 있다.

코미디언 조너선 윈터스(Jonathan Winters)는 '기다리는 배가 아직 도착하지 않았다면 헤엄쳐나가 배를 마중하라'라고 말했다.

성공이 우리를 향해 다가오는 것이 아니라 우리가 성공을 향해 다가가야 한다. 꿈에게 먼저 다가가자. 중요한 것은 꿈을 먹으면서 지금 이 순간을 즐겁고 생기 있게 보내는 것이다.

꿈은 도망가지 않는다. 도망치는 것은 실천을 하지 않는 당신이다.

제5장

뇌섹남의 성공습관

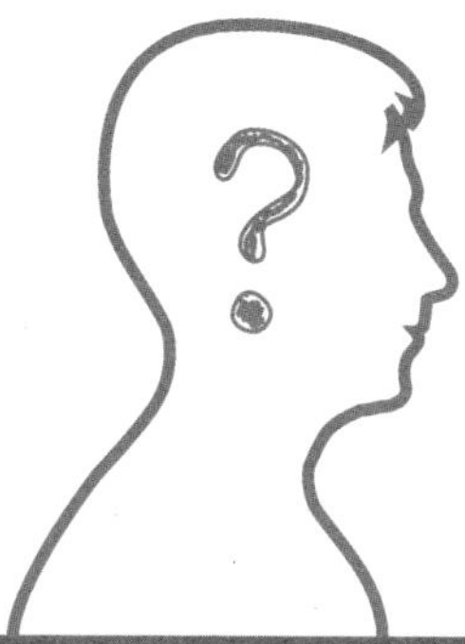

01

마음을 채우는 명상

지금은 마음의 근육이 약해진 시대다. 생각도 많고, 해야 할 일은 더 많다. 상사뿐만 아니라 부하직원에게도 평가를 받아야 한다. 그러나 부하직원의 일은 만족스럽지 않다. 이런저런 생각에 우리 주위에 일어나는 일을 인식도 못한 채 하루, 일주일, 한 달이 지나간다. 누구도 예외가 없다.

새로운 것들도 매일 쏟아진다. 하루에 받는 이메일이나 SNS가 몇 백통은 되는 것 같다. 복잡한 머리와 불편한 마음의 강물에 휩쓸려 살고 있다. 뭔가 해결책이 필요할 때다.

비워야 채울 수 있다는 말이 있다. 새로운 지식도 기존의 지식을 지워야 얻을 수 있다. 뭔가 새로움을 얻는다는 것은 기존의 것을 비운다는 것이다.

1년 전에는 필요했던 자료가 지금은 쓸모가 없어졌다면 휴지통에 과감하게 버려야 한다. 그래야 정해진 용량의 하드 디스크에 새로운 자료를 넣을 수 있다. 우리는 살면서 비우고 채우기를 반복하는 것 같다. 물질적인 것들은 필요 없는 것들을 버리거나 비움으로써 새로운 것들을 채운다. 지극히 본능적인 행위이다.

그렇다면 우리의 마음은 어떤가? 현대의 직장인들은 스트레스를 많이 받는다. 일과가 끝나면 술을 마시거나 평소 갖고 싶은 것을 사며 스트레스를 푼다.

이번에 여름휴가를 준비하는 후배의 이야기다.

"선배, 이번 휴가를 유럽으로 가는데 면세점에서 명품 핸드백 하나 사려고 해요. 요즘 스트레스도 많이 받았는데 핸드백 하나 사고 새로운 기분으로 일하려고 해요."

마음을 비우는 방법이 '뭔가를 채워 넣는' 것이다. 그러다 보니 부작용들이 따른다. 잦은 술자리로 몸은 상하고, 갖고 싶은 것을 사고 나니 지갑은 얇아진다. 또한 물건으로 채운 마음은 시간이 지날수록 허무해진다.

그렇다고 그것이 나쁘다는 것은 아니다. 명품 핸드백을 하나 사면 삶의 재충전은 된다. 하지만 명품 핸드백이 근본적인 마음의 문제를 해결해주지는 않는다. 가지고 싶은 욕망이 해결되면 또 다른 고민과 갈등이 시작되기 때문이다. 우리의 일상이 그렇다. 단지 그것이 근본적인 '비움'의 해결책이 아니라는 것이다.

우리의 마음과 생각도 비우는 것이 필요하다. 온갖 정보들로 넘쳐나는 세상에서, 가만히 있어도 무엇인가를 계속 받아들여야 하기 때문이다. 부모와의 갈등, 회사 동료와의 관계, 일을 하면서 느끼는 부담감, 미래에 대한 불안감은 우리의 마음이 계속 받아들여야 하는 불편한 정보들이다.

그렇다면 그럼 마음에 쌓인 불필요한 부담이나 스트레스는 어떻게 비워야 할까? PC를 다루듯 한 번의 마우스 클릭만으로 쓰레기통에 바로 집어넣을 수는 없을까?

마음과 생각을 비우는 방법 중 하나가 바로 '명상'이다. 명상은 집착하는 시간이 아니라 비우는 시간이다. 5천년 넘게 행해진 명상은 마음을 한 점으로 모아 집중한다는 의미다. 일상의 혼란스러움에 집중하는 것이 아니라 호흡에 집중하는 것이다. 호흡에 집중함으로써 생각들을 비우는 것이다.

준비물은 필요 없다. 조용한 공간에서 간단한 호흡만으로 충분하다. 눈을 감고 호흡에 집중한다. 다른 생각이 든다면 다시 천천히 호흡에 집중한다. 명상은 산만해진 마음을 맑고 평온하게 만들어준다. 명상을 통해 복잡한 일과 일상들은 잠시 내려놓는다. 그렇게 하면서 마음에 짐을 지우지 않는 것이다.

명상은 3~5분 동안 잠깐 하는 경우도 있지만 정기적으로 하는 경우 한번에 15~20분 정도 하는 것이 가장 좋다. 연구에 의하면 20분의 명상은 6시간 정도의 수면과 맞먹는 이완 효과가 있다고 한다.

명상이 좋은 또 다른 이유는 나 자신을 만날 수 있기 때문이다. 정확히 말하면 나의 마음과 몸이 만나는 것이다. 우리는 다른 사람들을 많이 만난다. 하지만 자신과 만나는 시간은 거의 없다. 번잡한 삶을 잠시 내려놓고 나만의 시간을 갖는 것은 '진정한 나'를 위해서도 반드시 필요하다. 명상은 나를 이해하고 보듬어주는 시간이기 때문이다. 그래서 더욱 소중하고 의미 있는 습관이다.

가만히 앉아서 생각하는 명상이 무슨 효과가 있을까? 무슨 실익을 가져다줄까? 조용히 앉아 있다고 마음이 편안해질까? 우리는 많은 의문을 가질 수밖에 없다.

최근 뇌 과학자들은 명상이 뇌 활동에 직접적으로 영향을 미친다는 증거를 많이 발표하고 있다. 우리가 직장에서 느끼는 불안이나 스트레스의 이면에도 코르티솔(cortisol)이라는 호르몬이 있다. 극심하게 또는 장기간 스트레스를 받으면 코르티솔이라는 스트레스 호르몬이 분비된다.

이 스트레스 호르몬이 분비되면 체중 증가와 같은 부작용이 생긴다. 하지만 명상에 답이 있다. 명상을 하면 코르티솔 수준이 정상으로 돌아가 몸은 정상상태로 돌아간다.

매사추세츠대학교 의과대학 존 카밧진 교수는 《처음 만나는 마음챙김 명상》에서 이렇게 말했다.

"초심자들은 명상이 매 순간 자신의 마음에 무엇이 나타나든 자신의 생각과 친해지고, 생각을 자각(알아차림) 속에 부드럽게 안는 것임을 이해할 필요가 있다. 명상은 생각이 일어나지 않도록 막아버리거나 생각을 어떤 식으로든 변화시키려는 것이 아니다."

나는 명상을 통해 많은 것을 얻었다. 높았던 혈압도 정상 수치로 돌아왔다. 물론 명상이 100%라고는 말하지 않겠다. 하지만 명상이 스트레스 호르몬인 코르티솔의 영향에서 벗어나 내 몸과 정신을 활기차게 유지하는 데 도움이 준 것은 사실이다.

명상은 잠도 잘 자게 해준다. 나는 잠들기 전 15분은 명상을 한다. 연구에 의하면 명상을 하는 사람들이 쉽게 수면에 들어가고 보다 이완된 숙면을 취한다고 한다.

명상을 정기적으로 하면 마음의 근육도 강해져 더 차분해지고, 통찰력도 더욱 예리해지게 된다. 우리의 뇌에 데이터베이스화하는 작업도 명상 상태에서 이루어지기 때문에 시야가 넓어지고 번뜩임의 지혜도 얻을 수 있다.

우리가 육체적 운동을 하는 것은 더 높은 신체적 능력을 얻기 위해서다. 규칙적으로 조깅을 하면 마라톤을 완주할 수 있는 능력이 생기는 것처럼 명상도 정신적 능력을 키우기 위해 행하는 마음의 훈련인 것이다. 명상은 마음의 근육을 만들어주는 마음 운동인 셈이다

명상은 자신, 자신의 생각과 친해지는 도구이기도 하고, 새로운 마음을 받아들이고 힘들게 하는 생각들을 비우는 도구이기도 하다.

세계적인 기업들이나 유명인들도 명상의 장점을 너무나 잘 알고 있다. 글로벌 기업인 GE, 3M, 블룸버그의 경영진은 명상을 한다. 또한 구글도 구글 대학에서 명상 강좌를 개설해서 직원들의 자아 인식과 집중력 향상을 돕는다.

토마스 에디슨도 명상을 했고, NBA 역사상 가장 위대한 감독인 필 잭슨, 천재 프로 골퍼 타이거 우즈도 명상을 한다. 앞으로 우리나라 기업체에도 많은 명상 프로그램이 생길 것이다.

최근 UCLA 뇌 영상 연구소는 명상을 하는 사람들을 대상으로 진행한 연구 결과에서 명상이 우리의 뇌를 더 크고, 빠르고, 젊게 만들어준다고 밝혔다.

명상으로 마음을 훈련하면 뇌도 바뀌는 것이다.

02

100년을 견딜 수 있는 건강한 몸 만들기

"운동선수신가요? 관절의 상태가 너무 좋지 않아요. 퇴행성 관절염 초기 정상도 있어요. 관리하지 않으면 나이 들어서 고생합니다."

몇 년 전 건강검진에서 의사가 내게 한 말이다. 너무 놀랐다.

"그럼 운동을 하지 말아야 하나요?"

놀란 표정으로 묻는 내게 의사는 재치 있게 대답했다.

"운동을 더 하셔야 합니다. 제대로 된 운동으로요."

사실 마라톤, 스쿼시 같은 무리가 가는 운동을 많이 해 몸 상태가 좋지 않다고 느끼고 있었다. 비가 올지 말지는 내 몸이 기상청보다 더 정확했다. 어떤 날에는 무릎 통증이 심해서 일어나기 힘든 날도 있었다.

그 후로 나는 변했다. 앞으로 평균수명이 100살까지 간다면 내 몸은 앞으로 60년 가까이 건강하게 유지해야 한다. 내가 꿈꾸고 원하는 삶을 살기 위해서는 건강이 최우선이라는 것을 깨달았다.

많은 사람들이 에너지를 다 소비할 때까지 일하며 자신의 건강을 돌보지 않는다. 이들은 자기 건강관리를 뒷전으로 미룬다. 회복이 불가능해지는 순간까지 자신을 내팽개친다.

아침에는 출근을 서두르느라, 저녁에는 야근 때문에 식사를 제대로 챙기지 못한다. 동료들과 술자리도 잦다. 그것도 회사 업무의 연장이라고 생각한다. 그러다 보니 운동은 엄두도 내지 못한다. 건강하지는 않지만 아직은 몸에 이상이 없다고 생각한다.

쉬지 않고 일하면 성취하는 것도 많다고 생각하지만 현실은 냉정하다. 성공하기 전에, 성취감을 느끼기도 전에 지치고 병들게 된다. 그런 상황을 접하면 당신은 '무엇을 얻기 위해 여기까지 달려왔는가?'라고 반문할 것이다. 내가 건강해야 다른 사람들과 좋은 관계를 유지할 수 있고 원하는 것을 이룰 수 있다.

의사로부터 충격적인 말을 듣고 난 이후, 몸과 건강에 대해 다시 생각하는 계기가 되었다.

나는 건강한 몸을 만들기 위한 몇 가지 원칙을 세웠다.

- 시간이 없다는 핑계는 대지 말자.
- 평생, 매일 할 수 있는 운동을 하자.
- 무엇보다 내 몸에 맞는 운동을 하자.
- 입이 원하는 음식보다 몸이 원하는 음식을 먹자.

주위 아는 분들의 조언도 많이 구했다. 운동과 건강식에 관심이 많은 친구들을 찾아다니면서 물어보기도 했다. 내가 관심을 가지고 노력하니 조언을 주는 분들이 의외로 많았다.

나는 운동 시간을 별도로 내지 않고, 일상에서 대부분을 해결한다. 자투리 시간을 최대한 활용하는 것이다. 자투리 시간에 운동을 하고 남는 시간은 앞으로 내가 하고 싶은 일을 위한 비옥한 토양을 만드는 일에 힘을 기울인다.

우선 아침에 일어나면 '몸을 깨우는 일'부터 했다. 아침에 일어나 스트레칭 10분은 꼭 한다. 몸을 깨우는 것은 정신을 깨우는 것만큼 중요하다.

걷기도 중요하다. 일주일에 3번 이상은 회사까지 걸어간다. 보통 40분 정도는 걷는다. 회사까지 걸어갈 때는 보폭을 크게 해서 빨리 걷는다. 짧은 보폭의 종종 걸음이 아닌 엉덩이가 죄는 느낌이 날 정도의 황새걸음으로 걷는다. 복근에도 힘을 준다.

처음에는 힘들었지만 익숙해지면 일부러 근력 운동을 하지 않아도 건강에 필요한 근육이 붙는다. 걷기는 정신건강에도 좋다. 엔도르핀의 증가로 기분전환에도 도움이 되고 스트레스도 해소시킨다.

주말에는 평소처럼 일찍 일어나 운동 동호회나 요가를 배우러 간다. 요가는 내가 좋아하는 운동이기도 하다. 특히 남자들에게는 유연성을 키워주는 매우 좋은 운동이다. 그렇다고 잘 하는 것은 아니다. 평생 할 수 있고, 무엇보다 몸이 좋아하는 운동이다.

양치질을 할 때, 버스를 기다릴 때 맨몸으로 할 수 있는 스쿼트나 스트레칭을 한다. 건강한 사람들은 매일 헬스장에 가서 운동하는 것에 만족하는 사람들이 아니다. 하루에 몇 번씩이라도 자투리 시간에 틈틈이 몸이 움직일 수 있는 기회를 주는 사람들이다. 시간이 난다고 몰아서 운동을 한다고 건강해지는 것은 아니다. 몸은 하루아침에 좋아지지도 않고 나빠지지도 않는다.

03

성공습관을 만드는 66일의 법칙

우리의 인생은 '하루하루의 집합'이다. 이 하루를 결정하는 것은 습관이다. 습관은 우리가 의식하지 못하는 사이에 많은 것을 결정한다. 어느 상황이건 메모를 잘 하는 습관을 가진 동료, 항상 약속시간 10분 전에 도착해서 상대방을 배려하는 습관을 가진 선배 등 성공하는 사람들을 보면 좋은 습관이 생활화되어 있다.

우리가 생각하고 느끼고, 행동하고 성취하는 모든 것들의 95%가 습관의 결과물이라는 연구 결과도 있다. 무슨 일이든 결국은 '습관'이다. 일어나서 화장실 가고, 출근 준비하고, 지하철을 타고, 사무실로 들어가는 동일한 행동을 반복하고 있다. 대부분의 일상의 95%가 이렇게 이루어진다는 게 놀랍다.

성공한 사람과 실패한 사람의 가장 큰 차이 역시 습관이다. 높은 성과를 거두고 성공적이고 행복한 사람은 삶의 모든 영역에서 전진하고, 긍정을 끌어당기는 습관을 가졌다. 성공한 사람들은 성공을 부르는 습관이 있다. 그렇다면 성공을 부르는 습관을 기르면 성공이 습관이 되지 않을까?

운동선수도 훈련을 하루 쉬면 저하된 운동능력을 되돌리기 위해 3일이라는 시간이 걸린다고 한다. 성과를 끌어당기기 위해서 자신을 훈련하고 개발하는 데 시간을 쏟아야 하는 이유다.

더욱이 새로운 습관을 만들기 위해서는 당신의 잠재의식의 세계에 배선 공사를 다시 해야 한다. 운동을 하지 않는 사람이 운동을 하려면 진정한 기쁨을 느끼도록 선을 끊거나 다시 연결해야 한다는 것이다.

어떻게 하면 새로운 만드는 배선 공사를 다시 할 수 있을까?

습관에 대한 의미 있는 연구 결과가 있다. "How are habits formed : Modeling habit formation in the real world(습관은 어떻게 형성 되는가 : 실생활에서 습관 형성 모델, Philippa Lally, European Journal of Social Psychology 2009)"라는 연구다.

심리학계의 최근에 실린 이 논문은 의미하는 바는 이렇다. 반복되는 노력이 습관화되기까지는 평균 66일이 걸린다는 것이다. 물론 사람마다 차이가 있고, 쉬운 행동은 그보다 더 짧게 걸리고, 어려운 행동은 훨씬 오래 걸리겠지만 평균 66일이라고 한다.

그렇게 길지 않은 시간이다. 작심 3일을 포기하지 않고 20번 정도만 하면 된다. 66일의 노력을 통해서 새로운 습관을 만든다는 것은 충분히 의미 있는 일이다. 성공적인 삶을 위한 노력에 비하면 66일은 작은 출발이라고 생각하라.

아침형 인간이나 하루에 30분의 독서 습관을 만드는 것도 좋다. 5년 후, 10년 후에는 엄청난 변화를 안겨줄 것이다. 당신의 능력은 당신이 상상하는 이상으로 성장할 것이다.

나에게는 지속적인 열정을 유지해주는 두 가지의 행복한 습관은 웃음과 감사다.

웃음과 감사가 습관이라고? 그렇다. 웃음과 감사하는 마음이야말로 습관인 것이다. 억지로 한다고 해서 되는 것이 아니다. 습관이 되어 자연스럽게 흘러나와야 한다.

잘 웃는 습관을 가진 사람이 좋은 인상을 가진 경우가 많다. 웃는 것도 노력이 필요하다. 어른이 되고 나면 웃을 일이 그다지 많지 않다. 회사에서는 일에 쫓기고, 집에서도 지친 몸으로 들어가면 기분부터 늘어지기 때문이다.

아이들은 하루 400~500번 웃는 반면 어른들은 15~20번 정도 웃는다고 한다. 정말 웃을 일이 없어서 그럴까? 가만히 보면 웃는 것도 노력이고 습관이란 것을 알게 된다. 주위를 보라. 똑같은 상황인데도 웃음을 보이는 사람들이 있다. 지나가는 도시 풍경을 보면서도 여유와 웃음을 가지고 보는 사람도 있지 않은가. 심리학자 윌리엄 제임스는 행복하기 때문에 웃는 것이 아니라, 웃기 때문에 행복한 것이라고 했다. 자기계발을 열심히 하는 사람도 웃음이 있으면 성과가 배가 된다.

미국의 한 연구소가 조사한 통계에 의하면 '잘 웃는 사람은 그렇지 않은 사람보다 급여가 3배 더 많다'라는 결과도 있다. 급여가 많아서 웃는 것이 아니다. 잘 웃기 때문에 급여가 많은 것이다.

두 번째는 감사하는 습관이다.

감사함은 마음을 감동시키는 힘이다. 당연한 것을 당연하게 생각하는 순간부터 감사의 마음이 없어지고 삭막해진다. 옆에서 여러분과 같이 일하는 동료나 상사가 여러분을 향해 '당연히 그렇게 열심히 일해야지' 하고 말하면 기분이 어떤가?

나는 롯데에서 일하면서 그런 감사함을 느끼는 데 서툴렀다. 같이 일하는 동료들이 당연히 그렇게 잘해주어야 한다고 생각했다. 내가 회사를 옮기는 시점에서야 얼마나 고마운 사람들인지, 얼마나 감사한 일인지 깨달았다.

삼성전자로 옮기고 나서 변하기 시작했다. 감사함도 습관으로 만들 수 있다고 믿었다. 오른쪽 주머니에 100원짜리 동전 두개를 항상 넣고 다녔다. 감사함을 표현할 때마다 오른쪽 주머니의 동전을 왼쪽으로 옮겼다.

하루에 적어도 2명의 동료에게는 감사함을 표현하겠다는 내 의지다. 동전이 한 개라도 오른쪽 주머니에 있으면 감사할 대상을 찾으러 다녔다. 동료들이 보여주는 작은 관심, 사소한 일도 포착해서 감사함을 표현했다.

하루는 한 일에 대해 직원을 칭찬했더니 그날 점심을 먹고 나에게 커피를 샀다.

"부장님, 제가 한 일이 대단한 일이 아닌데 기분 좋아졌어요. 커피 살게요."

우리나라 문화에서는 아랫사람이 먼저 커피를 사겠다고 하는 게 쉽지 않다. 고마웠다.

"정말 감사해요. 사람은 하루에 5만 가지 이상의 생각을 한다고 해요. 그것도 생각만 하고 실천하지 못하는 일들이 대부분이잖아요. 이렇게 5만분의 1의 실천을 내가 받게 되어 너무 감사해요."

내 표현에 그 직원도 정말 행복해했다. 감사함은 감사함을 낳는다.

남아프리카 공화국 최초의 흑인 대통령이자 노벨평화상 수상자인 넬슨 만델라의 말이다.

"감옥에 있다가 나오면 작은 것에 감사하게 된다. 언제든지 원할 때 산책하고 길을 건너고 상점에 들어가 신문을 사고 말하고 싶을 때 말하고 싫으면 말하지 않을 수 있다는 생각에, 자신을 스스로 통제할 수 있는 단순한 행위에…. 자유로운 사람은 이런 것에 늘 감사하지 않는다. 사람은 속박을 당한 뒤에야 그런 것을 기쁘게 받아들인다."

아직도 감사할 일이 있어야 감사하다고 생각하는가? 당연한 것은 없다. 이렇게 책을 볼 수 있는 것도 볼 수 있는 눈이 있고 건강한 몸이 있기에 가능한 일이다. 사소한 것이라고 사소하게 생각하면 지금보다 나아지지 않는다.

살아가면서 중요하다고 생각되는 가치 있는 일을 습관화하면 그 일은 더 이상 힘든 일이 되지 않는다. 그렇게 하면 중요하지 않은 일에 얽매이다가 정말 중요한 일을 놓치는 일은 없을 것이다.

습관을 바꾼다는 것은 힘들다. 힘들다는 이유로 성공할 수 있는 습관으로 고치지 않으면 앞으로의 삶은 더 고달프고 힘들어진다. 습관이 바뀌면 우리 자신의 생활도 바뀌지만 능력도 진화된다.

성과를 내고자 하는 사람은 습관의 힘을 깨달아야 한다. 자신에게 도움이 되지 않는 습관은 빨리 고치고, 성과를 낼 수 있는 도움이 되는 습관을 받아들여야 한다. 일을 잘 하는 사람을 보면 습관이 다르다. 그들은 중요한 일을 주기적으로, 주도적으로 하면서 자신들의 능력을 키워나간다.

당신을 혁명시키는 66일의 법칙, 성공을 부르는 습관을 기르면 성공도 습관이 된다.

04

젊은 뇌 만드는 습관

사람의 뇌는 크게 대뇌, 소뇌, 간뇌로 나눌 수 있는데, 이 중에서 대뇌가 뇌 전체의 70~80%를 차지한다. 대뇌는 다시 '우뇌'와 '좌뇌'로 나뉜다. 오른쪽과 왼쪽 뇌를 이어주는 것이 '뇌량'이다. 사람의 기억 활동에 가장 크게 관여하는 곳은 '해마'다.

우뇌는 '감성의 뇌'라고 부르는 부분으로 공간 인지, 상상력과 직관에 따른 판단, 정서적인 표현, 예술 분야에 대한 이해 능력이 탁월하다. 좌뇌는 논리적인 사고, 계산과 언어 능력과 분석 능력이 탁월하다.

우뇌와 좌뇌를 모두 활용하면 숨어 있는 재능을 발견할 수 있다.

나는 메모를 할 때도 우뇌와 좌뇌의 기능을 생각해서 한다. 감성에 대한 내용은 그림으로 나타내는 우뇌 노트에, 숫자나 논리적인 내용은 좌뇌 노트에 메모한다. 아이디어를 이끌어내는 효율이 높을 뿐만 아니라 우뇌와 좌뇌를 모두 단련시킬 수 있다.

일상에서도 마찬가지다. 직장인들이라면 창의적인 두뇌가 많이 요구된다. 감성적인 부분은 일상에서도 개발할 수 있다. 나는 오른손잡이지만 양치질, 면도, 문자 메시지 보내기 같은 일상의 사소한 행동은 왼손으로 한다. 남다른 생각을 만드는 우뇌를 자극하기 위해서다. 그렇다 보니 시간을 별도로 내어서 우뇌 개발, 좌뇌 개발을 하지 않는다. 일상에서 찾아보면 얼마든지 할 수 있는 일들이 많다.

백화점에서 MD로 일할 때 나는 시장조사를 남과는 조금 다르게 했다. 남들이 다 보고 아는 내용은 조사할 필요가 없기 때문이다. 비슷한 이야기는 대부분 사람들에게 어필이 되지 않는다. 그래서 시장조사를 가는 날이면 안대와 귀마개를 꼭 준비해갔다. 눈에 보이지 않는 것을 보고, 귀에 들리지 않는 것을 듣기 위해서다. 고객의 움직임뿐만 아니라, 발길, 손길, 표정, 감정과 같은 평소에 당연하게 생각하고 지나쳤던 많은 부분을 읽을 수 있다.

10대, 20대 고객을 위한 시장조사를 나갔을 때 일이다. 홍대, 가로수길, 강남역과 이태원을 돌아다녔다. 안대와 귀마개를 활용해서 시장조사를 했다.

사람들이 붐비는 가로수길 자라(ZARA) 매장에서 이것저것 둘러보고 있는데 대학생처럼 보이는 남학생이 눈에 들어왔다. 매장 한 복판에서 휴대전화로 뭔가를 열심히 하고 있었다. 궁금하기도 해서 가까이 가서 보니 휴대전화로 쇼핑을 하고 있는 것이 아닌가!

'20대는 서 있는 곳이 아니라 손가락이 움직이는 정신적 공간이 쇼핑공간이구나. 그래 쇼핑의 경계를 없애자!'

좋은 습관은 좋은 성과로 이어진다. 정말 많은 아이디어들이 물밀듯이 떠올랐다. 새로운 시도를 위한 아이디어들이 나오기 시작했다. 이런 방법으로 백화점에 다양하고 개성 있는 콘텐츠를 도입할 수 있었다. 10대와 20대를 위한 편집숍, 온라인 쇼핑몰, 액세서리 편집숍을 개발해서 백화점에 구성하게 되었다. 결과도 정말 좋았다. 백화점업계 최초로 '온라인 브랜드'를 유치하여 이슈가 되기도 했다.

우리에겐 사용하지 못하는 재능이 많이 있다. 자신에게 무슨 재능이 숨어 있는지 모르는 경우도 많다. 뇌는 익숙한 것만 받아들이기 때문이다. 두뇌를 자극하자. 더 섹시한 두뇌를 만들기 위해서라도 말이다.

커피도 코를 막고 마셔도 보고, 밥도 눈을 감고 먹어보자. 걸을 때도 귀를 막고 느껴보라. 뇌에서 받아들이는 자극이 다르다.

젊다는 것은 더 쉽게 받아들인다는 것이다. 젊은 뇌를 만들고 뇌가 섹시해지려면 더 쉽게 자극을 받아들이는 습관을 만들면 된다. 한 가지 일이라도 매일 반복하는 습관이 중요하다.

앞으로 사회는 더욱 다양화되고 이와 더불어 경제 구조도 더욱 복잡해질 것이다. 이런 사회에 적응하려면 감각의 작은 변화도 간과해서는 안 된다.

우리는 사람들과 소통할 때 특정한 언어를 사용한다. 우리나라 사람들끼리는 한국어를 사용하듯이 말이다. 그렇다면 우리의 몸과 마음이 소통하는 것도 있지 않을까. 나는 이렇게 말하고 싶다.

습관은 우리의 뇌가 사용하는 언어고,
운은 우리의 노력이 사용하는 언어며,
느낌은 우리의 영혼이 사용하는 언어다.

습관을 바꾸면 우리의 뇌를 더욱 스마트하게 만들 수 있고, 두뇌의 근력을 키울 수도 있다. 섹시하고 젊은 뇌로 살 수 있는 것이다. 이런 습관을 바꾸기 위한 노력이 행동으로 구체화될 때 우리는 새로운 일상을 만나게 된다. 새로운 일상에서 새로운 기회나 운까지 뒤따르게 될 것이다.

행동화된 습관은 우리의 뇌와 맞설 필요도 없기 때문에 편안하고 기분까지 좋게 만든다. 기분 좋은 일상의 모임! 그것이 행복 아닌가.

05

탁월한 성과를 위한 조력자 _태도와 표정

긍정적인 사람들은 똑같은 상황에서도 부정적인 사람들과 다르게 반응한다. 주위의 부정적인 사람들의 대화를 보라.

"문제가 풀리지 않아 죽겠어."

"왜 그래야 하는지 모르겠어."

부정적인 말을 자주하는 사람들은 웃을 기회도 많이 없다. 웃는 얼굴은 긍정적인 태도에서 나오는데 그들은 웃을 수 있는 씨앗까지 말려버리기 때문이다.

말이 씨가 된다는 것을 뼈저리게 느낀 적이 있다. 부정적인 말을 입에 달고 사는 사람이었다. 상황에 대해 말을 할 때면 종종 이렇게 말했다.

“그 사람들하고 일하려고 하면 간이나 쓸개를 떼어놓고 해야 해. 미치겠어.”

얼마 후 실제로 쓸개를 제거하는 수술을 받았다. 쓸개에 염증이 있어 수술을 한 것이다. 물론 수술이 잘 되어 지금은 건강하게 지내고 있다. 하지만 수술 후에는 절대로 그런 말은 하지 않는다.

당신이 하는 말은 당신의 몸이 가장 먼저 듣는다. 우리의 몸은 우리의 생각대로 된다. 긍정적으로 생각해야 한다는 단순한 진리가 얼마나 소중한가.

나는 미소가 멋지다는 말을 자주 듣는다. 어떤 칭찬보다 기분이 좋다. 그런 말을 들으면 더욱 웃는 얼굴을 하려고 노력한다. 미소는 타고나는 것이 아니라 연습하는 것이다. 나도 처음부터 웃는 얼굴은 아니었다. 대학을 졸업하고 직장을 다니면서 웃는 연습을 했다. 매일 아침 샤워를 할 때 거울을 보면서 웃는 연습부터 했다.

사람들은 좋은 인상을 가지려고 노력한다. 태어나면서부터 정해져 있는 게 많다. 성별, 외모, 나이는 다 정해져 있다. 수술을 하지 않는 한 자신의 외모를 바꿀 방법은 많지 않다.

하지만 미소는 다르다. 사람은 얼굴이라는 캔버스에 감정이라는 그림을 그리는 존재다. 얼굴에 그림을 그리는 화가는 우리 자신이다.

얼굴에 그림을 그리는 데 돈이 필요한 것도 아니다. 얼굴 근육만 움직이면 되기에 투자비가 전혀 들지 않는다. 하지만 우리는 표정이 얼마나 중요한지 알면서도 바쁜 일상에 눌려 소중한 자원을 낭비하고 있다.

내가 아는 사장님 한 분은 정말 표정이 좋다. 주위에서도 연예인 표정 같다는 말을 많이 듣는다고 한다. 하지만 처음 사업을 시작할 때는 정말 인상이 험악했다고 한다. 결혼 전에 아내에게 웃는 얼굴이 더 어울린다는 말을 들은 후 지금의 표정을 가지게 되었다고 한다. 그 후로 사업도 더 잘 되었다니 놀라울 따름이다.

웃는 얼굴은 자신도 변화시키지만 상대방에게도 영향을 준다. 상대방을 미소 짓게 하는 것도 우리의 미소다. 사람의 뇌에는 미러 뉴런(mirror neuron) 이란 것이 있다. 뇌는 다른 사람이 하는 행위를 보면 그와 유사한 반응을 보인다. 이는 뇌가 마치 거울과 같은 역할을 하기 때문이다. 그런 역할 때문에 미러(거울) 뉴런이라고 한다.

식당 종업원이나 바텐더는 웃으면서 손님들을 대할 때 팁을 더 많이 받는다는 것을 안다. 웃음의 효과를 잘 알고 있는 것이다. 밝고 긍정적인 미소를 띈 표정이 평생 연봉이 될 수도 있는 세상이다.

웃음뿐만 아니라 자세도 당신을 바꿀 수 있다. 하버드대학교 경영대학원의 에이미 커디 교수와 캘리포니아대학교의 데이나 카니 교수는 재미있는 실험을 진행했다. 자세가 사고방식과 결과에 얼마나 영향을 미치는가 하는 것이었다.

이들은 한 무리의 사람에게 상당히 위축된 자세로 2분간 있게 했다. 피실험자는 손을 꽉 움켜쥔 채 앉거나 팔짱을 끼고 다리를 꼰 자세로 있었다. 한편 다른 무리의 사람들에게는 의자에 앉아서 팔을 머리 뒤로 하고 다리를 책상에 올린 채 몸을 쭉 뻗거나 테이블 위에 올라서서 팔을 넓게 펼치는 등 몸이 확장된 자세인 '파워 포즈'로 2분을 보내게 했다.

도박 테스트, 냉랭한 표정을 짓는 두 명의 면접관과 카메라를 응시하며 치르는 스트레스가 심한 취업 면접 테스트 그리고 혈액검사를 했다.

도박 테스트 결과를 보면 몸이 확장하고 '파워 포즈'를 취했던 사람들은 판돈이 크게 걸린 게임에 위험을 무릅쓰고 돈을 걸기를 마다하지 않았다. 면접 테스트에서 녹화된 테이프를 본 면접관들은 파워 포즈를 취했던 사람들이 소극적인 자세를 취했던 사람들보다 훨씬 더 호감을 주고 설득력이 있으며 매력적인 지원자라고 판단했다.

혈액 검사로 그 이유를 알아보았다. 소극적인 자세를 취했던 사람들보다 파워 포즈를 취했던 사람들은 혈액 내에 테스토스테론의 수치가 훨씬 높았고 스트레스 호르몬인 코르티솔 수치가 훨씬 낮았다.

그래서 파워 포즈를 취했던 사람들은 자신감이 솟구치는 기분을 느꼈던 것이다.

당신의 자세만으로 결과를 바꿀 수 있다. 생각해보자. 우울할 때 우리는 무의식적으로 움츠린 자세가 된다. 어깨가 축 늘어지고 고개도 떨군다. 하지만 기쁨을 표현하고 승리를 맛보았을 때 우리의 자세는 어떤가? 팔이 올라가고 주먹도 불끈 쥐게 된다.

우리 몸도 표현을 한다. 기분이 좋아서 몸이 표현하는 것도 있지만 몸으로 표현해도 기분이 좋아진다. 우울하거나 기분이 가라앉으면 운동이나 가벼운 산책으로 몸을 움직이라는 것도 이런 이유 때문이다.

힘이 나게 하는 자세가 긍정적이고 낙관적 태도를 낳는다. 긍정적, 낙관적 태도는 우리의 수명에도 영향을 미친다고 한다. 미국의 미네소타 주에 있는 마요클리닉에서는 30여 년에 걸쳐 환자들이 낙관적인지 비관적인지 측정하는 테스트를 했다. 낙관주의자들이 성별에 상관없이 평균 수명보다 오래 살았다. 하지만 비관주의자들의 수명은 평균 수명보다 더 짧았다고 한다.

더 나은 삶을 위해 스스로 변해야 한다. 웃음 한 번, 태도 하나가 더 나은 오늘을 만든다. 당신의 삶을 더 나은 방향을 바꾸는 방법은 의외로 단순하다.

우리 조상들은 '웃으면 복이 와요'라고 말하면서 표정의 소중함을 강조했다. 매일 찡그린 인상으로 분노에 찬 표정을 한 사람과 행복한 표정을 짓고 있는 사람 중에 누구를 더 도와주고, 다가가고 싶겠는가? 외모는 조상 탓이라고 할 수 있지만 표정은 내 탓이다.

태도와 웃음. 지금의 행동 하나하나가 미래의 결과를 낳는 씨앗이다. 그럴 듯한 미래를 그리는가. 그렇다면 당신의 태도와 표정이 미래의 설계도가 될 것이다.

06

자존감 추진력 스위치를 켜자

흔히 사람들은 성공하면 행복해지고 자존감도 생길 거라고 믿는다. 하지만 긍정적 태도와 자존감은 성공 뒤에 찾아오는 것이 아니라 성공하기 위해 먼저 가져야 하는 것이다.

마흔이 넘어 알게 된 사실이 있다. 친구는 그리 중요하지 않다는 것이다. 2030 시절엔 친구들과 영원히 같이 갈 것 같았고, 앞으로도 함께 일하는 것이 많을 거라 생각했다. 하지만 사회생활을 하느라 각자의 삶에 바쁘다 보니 친구들과 멀어지게 된다. 그렇다고 끊임없이 밖에서 '누군가'를 찾을 필요도 없다.

자신에게 나만큼 관심을 가져주는 사람은 없고, 나를 가장 잘 알고 있는 사람도 바로 나라는 사실을 잊지 말자. 그런 당신을 사랑하라. 노력하고 있는 그런 당신을 사랑하고, 일상에서 사랑의 회로가 끊이지 않도록 하라.

중요한 것은 자기 자신에게 귀를 더 기울이고 살아야 한다는 것이다. 나에게 귀를 기울여 '나다움'을 찾아야 한다. 그런 나다움을 인정하고 지독하게 사랑해야 한다. 나다움을 존중하고 지독하게 사랑하는 것. 그것이 자존감이다. 자존감이 높은 사람이 행복감을 더욱 느낀다.

얼마 전 강연을 마치고 나오는데 행복에 대해 상담을 요청하는 직장인이 있었다. 그는 일상과 직장에서 '어떻게 해야 행복해질까' 하는 고민을 하고 있었다. 우리는 '행복과 자존감'에 대해 이야기를 나눴다.

당신이 하고 싶은 말들이 있다.

"나한테 관심 좀 가져줄래"

"제대로 되는 게 없어."

"그 사람은 그게 문제야."

당신이 듣고 싶은 말들도 있다.

"사랑해요."

"감사합니다. 당신은 정말 잘하고 있어요."

"스마트하고 참 좋은 사람이에요."

하고 싶은 말과 듣고 싶은 말의 차이가 행복까지 가는 거리다. 자존감이 높을수록 행복으로 가는 거리가 가까운 것이다. 행복은 남의 말에, 다른 사람에게 의존해서 오지 않는다. 자존감이라는 자체 추진력으로 찾아가는 것이다.

누구나 마음속에 간절히 원하는 꿈이 하나쯤은 있기 마련이다. 힘든 시기에도 꿈과 소망은 이루어진다. 다만 실천하는 사람에게만 기회가 주어진다. 목표나 성공을 끝까지 실천하는 것이 중요하다. 하지만 그 과정에서 좌절이나 방해, 거절 등이 끊임없이 일어난다. 그리고 큰 꿈을 꾸는 사람일수록 기다림의 시간도 길어지는 법이다.

하지만 스스로에게 지지 마라. 포기하지 않는 것이 중요하다. 이제 의지할 수 있는 것은 자신의 능력뿐이다. '실패를 성공의 밑거름으로 삼는다'는 것은 말처럼 쉬운 일은 아니다. 순간 좌절을 느낄 수도 있다. 에너지를 얻고 계속 전진할 수 있도록 도와주는 것 또한 자존감이다. 우리는 미래를 긍정적으로 보고 이 힘으로 전진하는 것이다.

'근거 없는 자신감'이라는 것이 있다. '뭔지 몰라도 될 것 같다', '나니까 된다'라는 근거 없는 자신감을 가져라. 성공한 사람들에게 찾아볼 수 있는 공통점 중 하나는 항상 자신감이 넘친다는 것이다. 품격이 있을 뿐만 아니라 표정에서도 자신감이 넘친다.

이런 근거 없는 자신감을 가지고, 지치지 않고 미래를 향해 추진하는 힘이 지속력이다. 지속력을 전자현미경으로 볼 수 있다면 자존감이라는 입자가 보일 것이다.

작은 목표를 세우고 실행하는 것만으로도 자존감을 높일 수 있다. 처음부터 커다란 도전을 위해 오랜 시간을 투자할 필요는 없다. 작은 성공 체험은 기록해두고 잊지 말자.

회사 업무와 관련된 내용이 아니어도 좋다. 취미나 가족에 관한 이야기도 좋다. '그래, 잘했어', '해냈어'라고 생각되는 일이 있으면 어떤 것이든 기록하면 된다. 핵심은 당신이 성공이라고 생각하면 성공인 것이다. 다른 사람이 실패라고 하더라도 당신이 실패에서 '배움'을 얻었다면 성공인 것이다. 그것이야말로 더 큰 성공을 위한 비결임을 기억하자.

남들의 기준에 맞춰서 살 필요도 없는 것이다. 그 누구의 평가에도 현혹될 필요가 없다. 최종적인 평가는 스스로 내리는 것이다. 흔들림 없는 나 자신이 되자.

나무가 굳은 뿌리를 내리면 쉽게 쓰러지지 않는다. 마찬가지로 자존감이 강하면 주위의 부정적인 평가나 반응에 전혀 흔들리지 않는다. 오히려 자존감이 높으면 다른 사람의 의견을 받아들이는 능력도 커진다.

변화를 행동으로 옮기는 사람만이 자신의 인생을 발전시킨다. 하지만 막상 실천하기 힘든 것이 변화다. 보디빌딩을 하는 사람들은 처음 시작할 때 근육이 찢어져야 몸을 만들 수 있고, 발레리나는 발가락이 휘는 고통을 느낄 때까지 계속해야 발레에 맞는 몸을 만들 수 있다. 누구나 변화를 하면서 벽에 부딪히게 마련이다. 하지만 벽에서 멈춰버린다면 아무것도 일어나지 않는다.

지금 이 순간, 맘껏 살아보자. 오늘, 이 순간은 인생에서 단 한 번밖에 없다. 지금 어떻게 살고 있느냐가 중요한 것이지, 이제까지 어떻게 살았느냐는 중요하지 않다. 당당히 맞서는 당신의 이름 앞에는 '감동'이라는 수식어가 붙을 것이다. 꿈이나 비전이 무엇이든 간에 자존감을 자기고 자신을 따르면 놀라운 일들을 해낼 수 있다.

스스로를 믿는 만큼 다른 사람도 당신을 믿는다. 스스로를 믿지 않는데 누가 당신을 믿겠는가. 스스로를 믿은 만큼 성공할 수 있고 행복해진다. 자존감이 그런 시스템을 만들어주기 때문이다.

뇌섹남으로 산다는 것은 자존감이 만들어내는 시스템으로 산다는 것이다. '나답게 살 수 있는 자유'를 스스로에게 주고, 일상의 행복을 만들면서 사는 것이다. 자존감이야말로 운명의 심장이고, 자신을 진화시키는 힘이다.

지금 당장 당신을 위한 자존감 추진력의 스위치를 켜자.